COLEÇÃO
ABERTURA
CULTURAL

Copyright © Valerie Eliot, 1982
Copyright da introdução © David L. Edwards, 1982
Copyright da edição brasileira © 2016 É Realizações
Título original: *The Idea of a Christian Society and Other Writings*

Editor | Edson Manoel de Oliveira Filho

Produção editorial e projeto gráfico | É Realizações Editora

Diagramação | Mauricio Nisi Gonçalves

Preparação de texto | Nelson Barbosa

Revisão | Jane Pessoa

Capa | A2 / Mika Matsuzake

Ilustração da capa | Foca Cruz

Reservados todos os direitos desta obra. Proibida toda e qualquer reprodução desta edição por qualquer meio ou forma, seja ela eletrônica ou mecânica, fotocópia, gravação ou qualquer outro meio de reprodução, sem permissão expressa do editor.

CIP-BRASIL. CATALOGAÇÃO NA PUBLICAÇÃO
SINDICATO NACIONAL DOS EDITORES DE LIVROS, RJ

E42i

    Eliot, T. S., 1888-1965
    A ideia de uma sociedade cristã : e outros escritos / T. S. Eliot ; tradução Eduardo Wolf. - 1. ed. - São Paulo : É Realizações, 2016.
    216 p. ; 23 cm. (Abertura Cultural)

    Tradução de: The idea of christian society and other writings
    ISBN 978-85-8033-270-4

    1. Ciências sociais. 2. Cristianismo. I. Título. II. Série.

16-34286   CDD: 320
                                                                           CDU: 32

29/06/2016 30/06/2016

É Realizações Editora, Livraria e Distribuidora Ltda.
Rua França Pinto, 498 · São Paulo SP · 04016-002
Caixa Postal: 45321 · 04010-970 · Telefax: (5511) 5572 5363
atendimento@erealizacoes.com.br · www.erealizacoes.com.br

Este livro foi impresso pela Edições Loyola em julho de 2016. Os tipos são da família Sabon Light Std e Frutiger Light. O papel do miolo é o Lux Cream 70 g, e o da capa, cartão Ningbo Gloss 300 g.

A IDEIA DE UMA SOCIEDADE CRISTÃ

E Outros Escritos

T. S. Eliot

TRADUÇÃO DE EDUARDO WOLF

INTRODUÇÃO DE DAVID L. EDWARDS

É Realizações
Editora

Sumário

Introdução 7

A Ideia de uma Sociedade Cristã (1939) 45

Ensaio 1 | Uma Sociedade Subcristã? (1939-40) 113

Ensaio 2 | Para uma Grã-Bretanha Cristã (1941) 125

Ensaio 3 | Virtude Cristã e Virtude Natural (1941) 133

Ensaio 4 | Liberdade em Tempo de Guerra (1940) 137

Ensaio 5 | A Diversidade da Opinião Francesa (1940) 143

Ensaio 6 | A Educação Cristã da França (1941) 149

Ensaio 7 | Educação em uma Sociedade Cristã (1940) 153

Ensaio 8 | A Concepção Cristã de Educação (1941) 163

Ensaio 9 | Sobre o Lugar e a Função da Intelectualidade (1944) 175

Ensaio 10 | Revelação (1937) 187

Introdução

As conferências que T. S. Eliot apresentou em Cambridge, em março de 1939, e publicou sob o título *A Ideia de uma Sociedade Cristã* em outubro do mesmo ano receberam menos atenção do que a maioria de seus escritos. Como uma longa tradição de estudos já atesta, ele é consensualmente tido como o maior poeta a escrever em inglês durante os primeiros três quartos do século XX, sem ninguém que lhe rivalizasse; considera-se, igualmente, que tenha sido o responsável por liderar uma revolução em suas reavaliações da tradição literária inglesa; do mesmo modo, é tido como merecedor do Prêmio Nobel e da Ordem do Mérito, assim como do pináculo em que foi colocado pelo público cultivado no mundo de língua inglesa por mais de vinte anos antes de sua morte, em 1965 (geralmente sem que isso implicasse a aceitação de sua posição intelectual). Também é geralmente reconhecido que Eliot foi um grande gentleman, e um cristão na autodisciplina de sua vida privada, assim como na inesquecível e austera expressão de fé em sua poesia. Com efeito, a importância geral de Eliot na história intelectual inglesa situa-o ao lado de John Dryden, Samuel Johnson, S. T. Coleridge e Matthew Arnold, cuja visão acerca da poesia e da vida ele frequentemente debateu com grande perspicácia. Entretanto, a despeito da publicação do valioso estudo de Roger Kojecky, *T. S. Eliot's Social Criticism* (1971), seu papel como profeta ou como sábio ainda não foi levado tão a sério como no caso de Coleridge ou de Arnold. Além dos severos críticos citados pelo Dr. Kojecky, Stephen Spender, por exemplo, foi desdenhoso: "No conjunto, as atividades sociorreligiosas de Eliot nos levam a refletir sobre quão extraordinariamente ineficaz a Igreja da Inglaterra tem sido em ligar os princípios cristãos à vida política".[1] O melhor livro até agora publicado sobre Eliot relegou "o filósofo cristão e a política" a um apêndice, julgando-o "não um filósofo político", mas antes "um absolutista, com o absolutismo da fé cristã", e "deliberadamente desprovido de um modo mundano ou humano de olhar para as coisas".[2] Um monge anglicano, admirador de Eliot, chamou *A Ideia de uma Sociedade Cristã* de "algo como um exercício artificial de crítica social".[3] "O máximo que se pode dizer", escreve um historiador de Cambridge que teria recebido bem uma plena defesa de valores conservadores, "é que Eliot propôs problemas".[4]

Obviamente, seria absurdo reivindicar para as "atividades sociais e religiosas" de Eliot qualquer coisa que se assemelhe à importância concedida à sua poesia e à sua crítica literária. Em *A Ideia de uma Sociedade Cristã*, reiteradamente o autor desculpa-se por sua inabilidade para discutir sociologia, política ou economia – e isso é mais do que mero truque convencional com a intenção de cativar os críticos. Em 1961, o autor deu uma palestra analisando sua crítica literária; no texto da conferência, quando publicado juntamente com outros escritos depois de sua morte, quatro anos depois (em *To Criticize the Critic*), explicava que "se ele estivesse vivo, teria escrito uma análise semelhante de seus escritos sociológicos". Percebemos que ele não considerava urgente uma autocrítica nesse terreno. É claro que muito do real interesse dessas "atividades sociorreligiosas" reside em seu

---

[1] Stephen Spender. *Eliot*. London, Fontana, 1975, p. 230.

[2] A. D. Moody, *Thomas Stearns Eliot: Poet*. Cambridge, CUP, 1979.

[3] Martin Jarret-Kerr, CR, in Graham Martin (ed.), *Eliot in Perspective*. London, Macmillan, 1970, p. 244.

[4] Maurice Cowlling, *Religion and Public Doctrine in Modern England*. Cambridge, CUP, 1981, p. 120.

valor para o estudioso que vier a entrar no campo da poesia, em que Eliot foi mestre. O desprezo pelo mundo materialista declamado em *A Rocha*; a dramatização da resistência da Igreja ante o Estado em *Assassinato na Catedral*; a visão do passado inglês "entrelaçada em um único partido" em "East Coker" e "Little Gidding"; a esperança de que a vida da Inglaterra pudesse ser purificada pela "chama de terror incandescente", juntamente com a admissão da desarticulação das palavras e da ineficácia da atividade; e o argumento dos dramas em verso de *Reunião de Família* de que na moderna Inglaterra o caminho para a santidade era demasiado custoso e frequentemente solitário, embora ainda possível – todos esses temas são esclarecidos nos escritos sociais. Em uma extensão muito maior do que se pode dizer com verdade de seu mestre Dante (ou de John Milton, a quem o autor dos *Quatro Quartetos* tinha dificuldades em fazer justiça), o T. S. Eliot que comenta a sociedade impressiona sobretudo por sugerir um comentário sobre poemas que agora pertencem à herança do mundo de língua inglesa.

Será essa iluminação da grande poesia, porém, o único valor permanente contido nestes escritos?

É preciso admitir que *A Ideia de uma Sociedade Cristã* é, em certa medida, uma obra datada. Já no início pode ser encontrado um tributo aos "sociólogos cristãos" que "criticam o sistema econômico à luz da ética cristã". Trata-se de referências a escritores como V. A. Demant, que condenava o capitalismo inglês tal como ele operava, ou como se acreditava que ele operava na década de 1930, e que contrapunha a ele uma ideia essencialmente medieval de "cristandade". Porém a análise econômica não tinha a autoridade de quem fala com conhecimento da matéria, e o ideal era tal que nenhum pensador reputado da década de 1980 consideraria realista. Na época se considerava que tais críticas à Inglaterra tinham tantos e tais méritos que Eliot concedeu que "os defensores do sistema totalitário podem oferecer uma justificativa plausível para a tese de que o que temos não é uma democracia, mas uma oligarquia financeira". Essa, porém, não era a aversão padrão ao capitalismo ou ao fascismo encontrada na esquerda. Antes da eclosão da guerra, Eliot fracassou em reconhecer o caráter demoníaco do nazismo. A "antipatia por tudo que é defendido pela Alemanha e/ou pela Rússia" era descrita como "um misto de sensacionalismo jornalístico e preconceito", e um fascista britânico como o general Fuller, segundo o texto de Eliot, "tem tanto direito de se denominar 'um adepto da democracia' quanto qualquer outra pessoa". A "religião nacional alemã" propagada pelos nazistas era considerada "uma excentricidade que no fim das contas não é mais estranha do que alguns cultos seguidos em países anglo-saxões", e "objeções à opressão, à violência e à crueldade" eram, apesar dos sentimentos exaltados, classificadas como "objetivos para meios e não fins". Quanto ao futuro da Inglaterra, Eliot clamava por mudanças radicais, mas parece que não tinha qualquer suspeita da iminência do triunfo do Partido Trabalhista depois da guerra. "Não prevejo – a não ser no caso de uma revolução imprevisível no presente – a ascensão na Inglaterra de uma hierarquia política de classe média baixa [...]." A reivindicação de que o socialismo era a materialização necessária da justiça social era desconsiderada, e um socialista como H. J. Laski podia ficar com a impressão de que "no fundo da sociedade cristã sobre a qual o Sr. Eliot escreve não estão os meios de libertação das massas, mas um método de fuga para algumas almas escolhidas que não conseguem suportar o espetáculo generalizado de uma civilização em decadência".[5] Sem dúvida, concidadãos que eram de fato prováveis eleitores trabalhistas foram classificados de maneira desfavorável em *A Ideia de uma Sociedade Cristã*. "A tendência do industrialismo ilimitado cria grupos de homens e mulheres – de todas as classes – desligados da tradição, alienados da religião e suscetíveis à influência da

---

[5] Leonard Unger (ed.), *T. S. Eliot: A Selected Critique*. 2. ed. Nova York, Rinehart, 1957, p. 42. Esse livro inclui muitas outras reclamações sobre a falta de respeito de Eliot pelo povo.

massa: em outras palavras, uma turba. E uma turba não será menos turba se for bem alimentada, bem vestida, bem abrigada e bem disciplinada." Principalmente por causa dessa cegueira com relação aos ressentimentos da classe média baixa e da classe trabalhadora, a exclusividade social da Igreja Anglicana não incomodava Eliot. Embora ele acreditasse que "a ideia de uma sociedade cristã [...] somente pode se realizar, na Inglaterra, por intermédio da Igreja Anglicana", ele declarava que "o perigo de que uma Igreja Nacional se torne a Igreja de uma classe não nos preocupa imediatamente hoje". Ademais, ele não era um ecumenista. Embora não excluísse a conveniência de uma reunião algum dia, referia-se apenas vagamente ao catolicismo romano e às Igrejas Livres na Inglaterra.

Em retrospecto, todos esses julgamentos parecem tolos, e infelizmente sua expressão não está limitada a este livro. Eliot escreveu na *Criterion* em outubro de 1938:

> Entender plenamente o que há de errado com a agricultura é entender o que há de errado com quase tudo o mais: com o domínio das Finanças, com nossas ideias e com nosso sistema de educação, aliás, com toda a nossa filosofia de vida [...]. O que há de fundamentalmente errado é a *urbanização* da mente [...]. É necessário que a maior parte da população de todas as classes (enquanto tivermos classes) esteja assentada no campo e dele dependa. Não se vislumbra esperança no Partido Trabalhista, tampouco na igualmente pouco imaginativa ala dominante do Partido Conservador. Parece não haver esperança alguma na política contemporânea.

O autor esteve, em certo momento, interessado na teoria pseudoeconômica do "Crédito Social" e permaneceu estreitamente associado com o *New English Weekly*, que havia sido fundado por simpatizantes (mais ou menos críticos) da teoria. Identificava-se igualmente com o grupo de "sociólogos cristãos", muitos dos quais haviam se interessado pelo Crédito Social antes de adotar o ideal mais teológico da cristandade. Eliot contribuiu com o *Prospect for Christendom*, editado por Maurice Reckitt em 1945, e embora sua contribuição fosse para as "Forças culturais na ordem humana", não conseguiu escapar de todo da condenação que o grupo recebeu por sua falta de compreensão econômica e de maturidade teológica. Alguns de seus próprios membros, incluindo V. A. Demant, viveram o suficiente para se arrepender de seu utopismo.[6] Obcecado por suas crenças de que muitos governos eram mais ou menos igualmente culpados à luz da ética cristã, e de que "ao menos alguns poucos homens de letras devem permanecer isolados" de protestos partidários, o autor de *Prufrock* se recusou a condenar a intervenção armada do nazismo e do fascismo em apoio a Franco na Guerra Civil Espanhola e havia condenado a Universidade de Oxford por se recusar a mandar uma delegação para as festividades em Götingen, uma universidade que rejeitava acadêmicos judeus. Artigos no *Criterion* haviam mostrado o apelo que tinha para Eliot a política direitista do escritor francês Charles Maurras. Em 1928, Eliot escreveu: "Se há qualquer coisa que nos protegerá de um anglo-fascismo sentimental, em uma geração mais ou menos, será algum tipo de sistema de ideias que muito terá ganhado com o estudo do de Maurras" – um triste tributo a pagar a um monarquista renegado pelo pretendente ao trono francês, um sustentáculo da posição social da Igreja condenada pelo papado e um extremista condenado à prisão perpétua depois da guerra. E a falta de entendimento sobre as realidades religiosas locais, bem como

---

[6] Ver D. L. Munby, *Christianity and Economic Problems*. London, Macmillan, 1956; e Ronald H. Preston, *Religion and the Persistence of Capitalism*. London, SCM, 1979. Estes criticaram severamente o grupo Cristandade. A formulação mais completa do argumento de Demant foi oferecida em seu *Religion and the Decline of Capitalism* (London, Faber, 1952). John Oliver ofereceu um esboço do pensamento social da Igreja da Inglaterra, 1918-1939, em *The Church and Social Order* (Oxford, Mowbray, 1968). Pesquisas mais amplas, de vários pontos de vista diferentes, incluem Maurice Reckitt, *Maurice to Temple: A Century of the Social Movement in the Church of England*. 2. ed. London, Faber, 1957; e Edward Norman, *Church and Society of England 1770-1970*. Oxford, OUP, 1976.

sobre as convicções dos protestantes não anglicanos, manifestou-se no curso da participação de Eliot na agitação anglo-católica na década de 1940 contra a formação de uma Igreja do Sul da Índia. No título de um panfleto, o poeta resumiu essa reunião dos cristãos em vasta minoria numérica com relação aos hindus como "uma união pela destruição".

Ser humano é errar. No entanto, seria uma tolice extraordinária pensar que um homem dessa estatura intelectual e espiritual, com a paixão de um poeta pelo uso preciso das palavras, estava totalmente atrelado a esses julgamentos que a história encarregou-se de ridicularizar.

Palestrando em 1939, Eliot mostrou quão problemática era sua consciência com relação a esse envolvimento na forma britânica do capitalismo, e se nosso autor voltou-se para o Crédito Social ou para o Grupo da Cristandade para poder vislumbrar uma economia alternativa, certamente devemos reconhecer que não era erro algum se incomodar com a ética do capitalismo britânico em 1930. A preocupação com os desempregados exibida em *A Rocha* era inevitável para um cristão. O único erro teria sido persistir na lealdade a uma inexperiente panaceia, e temos de observar que Eliot (que era ele próprio absolutamente urbano) superou sua identificação com o Crédito Social ou o Grupo da Cristandade a ponto de abster-se de criticar a política econômica publicamente e de passar a investir suas economias por intermédio de seu cunhado, um corretor de valores, na bolsa. Podia adotar um inocente tom de ignorância em matéria de economia, mas tinha, afinal, mantido uma posição de responsabilidade em um banco por oito anos. Em uma resenha de um livro de Karl Mannheim (um sociólogo que o fascinava) na *Spectator* em junho de 1940, Eliot anunciou que "a sociedade não pode voltar a nenhum estágio anterior de simplicidade". Mesmo em *A Ideia de uma Sociedade Cristã*, ele rejeitou o apelo a "um modo de vida simples, que se desfizesse de todas as construções do mundo moderno de que somos capazes de prescindir", como "utópico". Nem todos os ecologistas de uma geração futura mostraram tanto realismo.

Já em 1928, em um artigo sobre "A Literatura do Fascismo" na *Criterion,* Eliot atacou o fascismo como "uma forma de fé que só é apropriada à religião". Dizia frequentemente que não poderia ser um fascista porque era cristão, e de fato todo seu trabalho mostra que odiava o mero aroma de poder.[7] Seu julgamento final sobre Maurras – cujo monarquismo pré-datava o fascismo e que era antialemão – consistia em dizer que o francês deveria se restringir à literatura; que a *Action Française* de Maurras simplesmente acirrara as animosidades políticas e religiosas enquanto desencorajava a difusão "daquelas entre suas ideias que eram sólidas e fortes". Quando a guerra contra Hitler e Mussolini teve início, Eliot compartilhou inteiramente do patriotismo inglês da época (embora jamais histericamente) e expressou-o nobremente. Em sua introdução ao volume *A Choice of Kipling's Verse* (1941), escreveu sobre outro poeta, como ele não nascido na Inglaterra, cuja "imaginação histórica" fora excitada; e até mesmo elogiou um imperialismo que previamente desprezara. Depois da guerra, seu clamor pela restauração da comunidade cultural europeia (como nas palestras que servem de apêndice às *Notas para uma Definição de Cultura*, de 1948) recebeu uma respeitosa atenção que jamais teria sido dada a alguém maculado pelo fascismo.

Não se pode negar que Eliot era mais cauteloso com as ideias da esquerda do que com as da direita. Não foi por acaso que *A Ideia de uma Sociedade Cristã* foi apresentado na forma de conferências a convite do College de Cambridge mais célebre por seu conservadorismo político (o Corpus Christi). No *Christian News-Letter* de 21 de março de 1945 (sob o pseudônimo de "Metoikos"), Eliot argumentou

---

[7] William M. Chace contrastou *The Political Identities of Ezra Pound and T. S. Eliot.* Stanford, Stanford University Press, 1973. O artigo de Eliot de 1933, "Catholicism and International Order", também atacando o fascismo, foi reimpresso em *Essays Ancient and Modern* (London, Faber, 1936).

que o apoio ao *White Paper on Full Employment* de 1944 era provavelmente correto por razões humanitárias, porém não necessariamente cogente para a consciência cristã: "Podemos dizer, de maneira geral, que é dever do indivíduo fazer o que ele pode em sua esfera de ação". Tampouco se pode negar que a escrita, mais importante do que aquela contribuição hesitante, envolve toques de esnobismo. A dança ao redor da fogueira não era um espetáculo em que nosso autor tomasse parte, e em suas peças camerísticas todo um mundo social sufocantemente pequeno era apresentado. Ficava claro, no entanto, que sua religião o ensinara que Deus criara "pessoas comuns", que por elas Cristo morrera – assim como claro estava que sua obra mostrava uma apreciação cada vez mais madura das implicações dessa crença, até a paz do fechamento de O *Velho Estadista* (1957). Já em 1939, conforme nos conta o próprio Eliot, encontrava-se "profundamente endividado" para com as obras de Jacques Maritain, o pensador católico francês que influenciou muitos com suas atitudes positivas para com a República e a esquerda, que contava com a simpatia do arcebispo William Temple e que viveu o suficiente para inspirar o pensamento social nada reacionário do papa Paulo VI. Eliot também fez elogios ao erudito e santo do socialismo cristão inglês, R. H. Tawney.

Embora tenha sido um curador de Saint Stephen, Gloucester Road, em Londres, por 25 anos antes de 1934, e mesmo um inquilino do vicariato até a guerra, e embora sempre tenha mantido um estilo de vida semiclerical, seria grosseiramente impreciso considerar Eliot um fanático anglicano, ruidosamente rufando um tambor antigo. Enquanto editor da *Criterion*, recebia de bom grado uma ampla diversidade de colaboradores, incluindo comunistas. Como editor, trabalhava alegremente com os colegas, e era ávido por encorajar autores que não eram devotos. Jamais permitiu a reedição de seu único livro de explícita e impiedosa propaganda (*After Strange Gods*, 1934), e veio a considerar o herói de seu *Reunião de Família* (uma peça que contém elementos autobiográficos, levada aos palcos pela primeira vez no mês em que

Eliot apresentou as conferências de *A Ideia de uma Sociedade Cristã*) como um "pedante insuportável". Sua "citável" autodefinição como um "classicista em literatura, realista em política e anglo-católico em religião" (no Prefácio de *For Lancelot Andrewes*, 1928) tem origem na "provocação" do desafio lançado por seu ex-professor, Irving Babbitt "de se assumir às claras" em relação a seu recente batismo; mas em 1961, Eliot escrevia: "Hoje não me sinto inclinado a me expressar exatamente desse modo". "Minhas crenças religiosas não se alteraram", declarava então, "sou a favor da manutenção da monarquia em todo o país em que uma monarquia ainda existe" – mas recusou-se a se apequenar a ponto de se deixar apreender por um rótulo. E, em alguma medida, compensou sua antiga falta de zelo para com o ecumenismo por meio de suas amizades com inúmeros e destacados católicos romanos e membros da Igreja Livre, assim como por meio de seu "Seita e Culto", em *Notas para uma Definição de Cultura*. Nesse livro encontra-se também uma reflexão mais madura acerca do sistema de classe inglês, que tem sido tão intimamente associado às divisões denominacionais desse país. A falta de qualquer exposição sistemática de suas crenças religiosas é um lembrete de que o autor não foi jamais um teólogo ou pregador (como seu avô o fora, dominando a vida religiosa de Saint Louis até sua morte, em 1887). Eliot não tinha interesse em desenvolver o comentário às afirmações dos bispos que começara em caráter de esboço em *Thoughts after Lambeth* (1931), ou em escrever mais peças para performance na igreja após *Assassinato na Catedral* (1935). Permaneceu um homem leigo, e dentro do eminente homem de igreja, cujos patronos eminentes incluíam o rei George VI e o bispo George Bell, jamais morreu de todo o poeta que, em um poema de 1917, comparou a Igreja institucional com um hipopótamo. Esse pilar da ortodoxia, cuja prosa assegurava a seus leitores que a religião deveria ser dogmática, e não liberal, revelada, e não natural, escreveu em uma de suas declarações mais solenes, mais belas e mais merecidamente célebres, em 1941:

Para a maioria de nós, há somente o inesperado
Momento, o momento dentro e fora do tempo,
O acesso de distração, perdido num dardo de luz solar,
O irrevelado tomilho selvagem, ou o relâmpago de inverno,
Ou a cascata, ou a música tão profundamente ouvida
Que se furtou aos ouvidos, mas vós sois a música
Enquanto a música perdura. Tudo isso não passa de hipótese e
                                  [conjectura,
Hipótese e depois conjectura; o resto
É prece, observância às normas, disciplina, pensamento e ação.
A hipótese em parte conjecturada, o dom parcialmente
                              [compreendido, é Encarnação.[8]

Quão sólido, porém, eram os ensinamentos sociais de Eliot? Mais séria do que o problema que concerne os defeitos relativamente menores das opiniões de um poeta durante a década de 1930 é a questão de saber se o autor se equivocou ao sonhar com uma sociedade em que a Igreja da Inglaterra desfrutaria dos privilégios dos partidos nazistas, fascistas e comunistas em outros países. Trata-se de sonho tão flagrantemente absurdo que parece inacreditável que o autor de *A Terra Desolada* e *Quarta-Feira de Cinzas* possa mesmo tê-lo contemplado. Todavia, assim Stephen Spender sintetizava *A Ideia de uma Sociedade Cristã*: "Eliot restringe-se a discutir, neste livro, a ideia de um Estado Cristão na Inglaterra, que parece ser o último país na Europa com alguma tendência a adotá-lo – haja vista a aversão dos ingleses à ideia de serem dominados pela Igreja". Spender prossegue ridicularizando as pessoas "cristãs musculares e cooperantes"[9] com as quais Eliot debatera – e seguia debatendo – as

---

[8] Trecho de "The Dry Salvages", de *Os Quatro Quartetos*. Tradução de Ivan Junqueira (*Obra Completa*, vol. 1, *Poesia*, ed. Arx). As demais citações da obra poética de Eliot são da mesma edição. (N. T.)

[9] A expressão "cristianamente musculosas" faz referência ao movimento conhecido como Muscular Chritianity, muito em voga na Inglaterra vitoriana e especialmente associado a escritores como Charles Kingsley e Thomas

sugestões aqui apresentadas. Spender refere-se a elas como "continuamente conspirando para montar células e penetrar cada ramo da comunidade com seus esquemas redentores; clérigos, respeitáveis senhores e intelectuais questionando-se uns aos outros – por vezes ansiosamente, com efeito – se não estariam eles agindo como uma espécie de célula comunista ou Gestapo espiritual". A seguir, ele parece controlar-se, lembrando-se de quem é o acusado de haver se envolvido em tal excentricidade.

> O que é tocante em relação aos escritos sociais de Eliot é o modo como ele cria um constrangimento entre o Espírito Santo e todos os políticos existentes [...]. Poder-se-ia supor que o pensamento social de Eliot é uma tarefa de disciplina e humildade autoimposta: rejeição da visão que tão facilmente vinha-lhe de que o mundo moderno pode ser descartado como a decadência da civilização [...].[10]

A primeira coisa a comentar é que a descrição que Spender faz das pessoas ligadas a Eliot é uma caricatura das discussões mantidas por pessoas de elevada e árdua integridade nas pequenas associações conhecidas então como Moot e Christian Frontier Council. Tal descrição não enfatiza como deveria o fato de que Eliot estava sendo honesto em seus alertas privados concernentes à adoção de qualquer tipo de programa político, por mais benevolente que tal programa viesse a ser.[11]

A Ideia de uma Sociedade Cristã é obra que merece ser lida com cuidado para que se avalie até que ponto contém uma inclinação totalitária, particularmente porque Spender não foi o único a exagerar tal elemento em virtude de sua atitude suspeita para com os amigos cristãos de Eliot. Um crítico americano concluiu que

---

Hughes. Consistia em uma visão do cristianismo baseada na fé e na saúde corporal e inspirada em uma leitura do Novo Testamento. (N. T.)

[10] Spender, *Eliot*, op. cit., p. 230-7.

[11] Os principais fatos foram criados por Roger Kojecky em *T. S. Eliot's Social Criticism*. London, Faber, 1971, p. 156-97.

o "controle e a balança" religiosos de Eliot, a despeito de concessões menores, é praticamente total: políticos e professores seriam forçados a se conformar ao dogma cristão, e dissidentes seriam mantidos em escala mínima [...]. Quaisquer reformas que viessem a ser requeridas somente o seriam não porque implicariam em melhorias nas vidas das pessoas, mas apenas porque coincidem com a doutrina cristã [...].[12]

Nessas conferências, porém, Eliot não endossa "qualquer forma política particular"; defendia apenas "qualquer Estado que seja adequado para uma Sociedade Cristã". Tampouco defendeu um Estado "em que os mandatários fossem escolhidos em virtude de suas qualificações cristãs, e menos ainda de sua eminência como cristãos". O cristianismo não deve ser imposto ao povo pelo governo; pelo contrário, o "temperamento e as tradições do povo" devem ser suficientemente cristãos para impor aos políticos "uma estrutura cristã na qual seja possível realizar suas ambições e fazer avançar a prosperidade e o prestígio de seu país". Isso implica uma compreensão muito mais cética da política partidária do que da ideologia por trás da formação de partidos "cristãos", tais como os partidos católicos da década de 1930, bem como dos Democratas Cristãos do pós-guerra. A educação dos intelectualmente capazes deveria ser "primeiramente preparar as pessoas para pensar em categorias cristãs, mesmo que não pudesse compelir a crença nem tampouco impor a necessidade da sincera profissão de fé". A atividade de professores não cristãos seria não apenas inevitável como também benéfica para a vitalidade intelectual. A organização da vida da massa da população deveria reduzir o presente "conflito entre o que lhes é fácil e que as circunstâncias lhes dita e aquilo que é cristão" – não, contudo (e é importante frisar isso), impor o credo ou o comportamento cristãos. Por certo alguns elementos de liberalismo devem ser detectados em tal imagem da sociedade cristã, o que vem de passo com a habitual descrença de Eliot em relação

---

[12] Allen Austin, *T. S. Eliot: The Literary and Social Criticism*. Bloomington, Ind., Indiana University Press, 1971, p. 79.

ao Estado e aos políticos. Certa vez Eliot escreveu que "um governo racional seria tal [...] que governasse o mínimo possível". Como há de se ver, essa precação era tal que ao menos um distinto amigo e cristão como ele acusou-o publicamente, em 1939, de desejar uma "Sociedade Subcristã", com demasiada ênfase no bem-estar material do povo.

Eliot não conseguia ver como a Igreja "poderia de todo aceitar como permanente o estabelecimento de uma lei para si e outra para o mundo". Tal sentença dispara o alarme daqueles que cheiram a fumaça da Inquisição em qualquer nuvem de incenso. Certamente não se trata de uma resposta completa para algo que se admitia como o "problema muito difícil" da atitude da Igreja no que concerne à legislação contrária aos princípios cristãos. Eliot, contudo, embora advogasse "uma organização hierárquica em relação direta e oficial com o Estado" e acreditasse que a Igreja devesse falar como "a autoridade final na nação" (presumivelmente por intermédio de tal hierarquia) em "questões de dogma, de fé e de moral", estava não menos prevenido contra os perigos de confiar excessivo poder a bispos mantidos pelo Estado. Defendia uma "Comunidade de Cristãos [...] composta tanto de clérigos quanto de leigos, dos mais avançados intelectual e espiritualmente dentre ambos" – um corpo docente distinto da hierarquia. Essa comunidade frouxamente "composta" seria, contudo, também corruptível, e em um pós-escrito Eliot imprimiu um alerta de um teólogo para o elitismo implícito nessa visão. Seguiu afligindo-se com aquilo que deveria ser desejável, por vezes favorecendo a ideia de uma pequena "ordem" leiga composta de pessoas de personalidade próximas às de um monge – como o próprio Eliot. Foi claro em relação à necessária existência de intelectuais cristãos para contrabalançar a tendência da massa da população para "identificar a Igreja com a hierarquia e para suspeitar que tal hierarquia seja um instrumento da oligarquia e da elite". Buscando outros mecanismos de controle da liderança oficial da Igreja, Eliot instava que "a aliança do indivíduo para com sua própria Igreja é secundária em relação à sua aliança à Igreja Universal", e acreditava que uma tensão entre Igreja e Estado era uma marca essencialmente distintiva da sociedade cristã. Líderes da Igreja que se pronunciassem acerca de questões "mistas" de fé e de política deveriam falar apenas como indivíduos – o que poderia parecer como uma imposição de limites naquilo que alhures é definido como o dever da Igreja para contestar "opinião herética ou administração e legislação imoral". Se nos interrogamos o que precisamente Eliot entendia por esse dever, percebemos que é difícil dizer, nestas conferências, quando Eliot estava pensando na Inglaterra e quando estava pensando na Europa. Muito da "legislação imoral" que ele gostaria que líderes da Igreja "contestassem" não se pautava por questões como o divórcio ou o aborto (que Eliot nem sequer discutiu), mas sim a lei de regimes tais como os presididos por Hitler e por Stálin. Não há razão para concluirmos indevidamente que Eliot desejava para os líderes da Igreja qualquer coisa semelhante a uma dominação absoluta, compelindo a população a agir conforme o dogma cristão.

Em *A Ideia de uma Sociedade Cristã*, assim como em *Assassinato na Catedral*, a Igreja era vista como "protegendo a comunidade contra a tirania", não como se ela própria fosse tirânica. Adaptando a frase do mesmo Spender, Eliot era tão perfeitamente ciente de que a vida verdadeiramente cristã era uma vida de "disciplina e humildade" que desejava criar um constrangimento entre o Espírito Santo e todos os rechonchudos eclesiásticos, oficiais ou intelectuais, assim como entre políticos de todas as espécies. Pode muito bem ser o caso de que neste esboço surpreendentemente incompleto da sociedade cristã as restrições que Eliot explicitamente imaginou para a posição institucional da Igreja fossem inadequadas, mas devemos observar suas próprias palavras em 1937: "Apenas na humildade, na caridade e na pureza – sobretudo, quiçá, na humildade – podemos estar preparados para receber a graça de Deus sem a qual o fazer humano é vão". Devemos observar também suas palavras de 1939:

> Não consigo imaginar qualquer sociedade futura na qual venhamos a classificar cristãos e não cristãos simplesmente em virtude de suas profissões de fé, ou até mesmo em virtude de qualquer código rígido, em virtude de seu comportamento [...]. Alguns entre aqueles que repudiariam vigorosamente o cristianismo serão mais cristãos do que muitos que o confessam.

Trata-se de admissão significativa, sobretudo vindo de alguém que escrevera no simpósio sobre *Revelação* em 1937: "Tomo a divisão entre aqueles que aceitam e aqueles que negam a revelação cristã como a mais profunda diferença entre os seres humanos".

Em resenha simpática à crítica social de Eliot, Raymond Williams estava sem dúvida correto em afirmar que "a desolação, que é uma espécie de disciplina, é inteiramente salutar. Se Eliot, quando lido com a devida atenção, tem o efeito de conter as complacências do liberalismo, tem igualmente, quando lido em chave crítica, o efeito de tornar o conservadorismo complacente impossível".[13] Com efeito, dir-se-ia que a verdadeira tragédia da crítica social de Eliot foi o não tê-la feito em maior quantidade, e mesmo em maior profundidade, estudando sociologia, política e economia com mais detalhe.

Eliot poderia ter se tornado um filósofo cristão conservador, fazendo contraponto aos socialistas cristãos que dominaram o pensamento da Igreja desde a publicação de *Christianity and Social Order*, de William Temple, em 1942. Como isso não aconteceu, é difícil imaginar tal possibilidade, mas é seguramente significativo que a *Criterion*, a "revista literária" que Eliot editou industriosamente desde 1922, contivesse um crescente número de artigos sobre política e economia com os "Comentários" do próprio Eliot – e cujas "Últimas Palavras", ao encerrar as atividades da revista, em janeiro de 1939, confirmaram que seus interesses maiores já não eram mais literários. Presumivelmente, o encerramento das atividades da revista concedeu a Eliot o

---

[13] Raymond Williams, *Culture and Society 1780-1950*. Harmondsworth, Penguin, 1961, p. 238.

tempo necessário para preparar *A Ideia de uma Sociedade Cristã* com seu apelo por "uma discussão que deverá ocupar muitas mentes por muito tempo". Em sua introdução ao volume *Selected Prose* de Eliot em 1953, John Hayward, em cujo apartamento em Londres Eliot então vivia, escreveu que "suas faculdades críticas têm sido, em anos recentes, crescentemente exercitadas no trato de problemas sociais" – acrescentando que o autor poderia muito bem dar-se por satisfeito com o que havia conquistado em matéria de crítica literária.

Tivesse Eliot, com seu crescente prestígio, focado nos problemas sociais, poderia ter sido uma voz dissonante em meio ao materialismo reinante nas políticas conservadoras. Desde os anos 1940, muitos políticos conservadores têm sido cristãos em suas vidas privadas, muitos fiéis têm votado no Partido Conservador e tem havido mesmo certas reflexões ponderadas sobre religião (entre os políticos, notadamente advindas de lorde Hailsham); mas não encontramos uma única tentativa de relacionar os princípios cristãos com os problemas enfrentados pelo Partido Conservador. No contexto da história britânica desde o século XVII, trata-se de algo notável. No entanto, a restauração da velha aliança entre o Partido Tory e a Igreja da Inglaterra não era propriamente a vocação de Eliot. Suas antigas restrições a Coleridge e a Arnold por desperdiçarem seus dons no jornalismo político ou cultural parecem ter vindo a recair sobre ele mesmo – e conscientemente: sua conferência "The Literature of Politics", no Centro do Partido Conservador em 1955, é exemplarmente enfadonha. Retornou à sua indiferença, e seu manto profético permaneceu sem herdeiros.[14]

Uma vez considerada a alegação de que a inclinação da crítica social de Eliot era totalitária e não apenas moderadamente conservadora, podemos nos voltar à acusação de que o autor exagerou de maneira absurda o papel da religião na sociedade.

---

[14] Anthony Quinton apresentou as "T. S. Eliot Lectures" sobre as tradições religiosa e secular do pensamento conservador na Inglaterra sob o título *The Politics of Imperfection* (London, Faber, 1978).

Na Inglaterra, desde a Segunda Guerra Mundial, os ingleses têm compartilhado com os não cristãos uma convicção de que é saudável para o Estado reconhecer e respeitar no seio da comunidade a existência de tradições religiosas e morais distintas, e mesmo do agnosticismo e do ateísmo. O elemento efetivamente cristão e praticante declinou para pouco mais que 10% da população; imigrantes de países que jamais foram sequer nominalmente cristãos estabeleceram-se e multiplicaram-se; e a manifestação do ceticismo em matéria de crenças religiosas e mesmo em relação à ética tradicional cristã tem sido aberta e amplamente persuasiva. Uma vez que nossa sociedade é democrática, a noção de que é dever do Estado fazer valer os ensinamentos da Igreja da Inglaterra em questões de sexualidade e moralidade, por exemplo, foi abandonada; com efeito, a própria Igreja da Inglaterra frequentemente parece ter abandonado tal ensinamento. Ao mesmo tempo que vemos a Igreja Estabelecida e outras instituições religiosas decaírem em termos de significado social na Inglaterra, cristãos ingleses ponderados observaram três fatos: em primeiro lugar, em muitos regimes totalitários, os melhores elementos na Igreja estão em conflito aberto com o Estado, com uma vigorosa teologia defendendo a libertação do povo e com luminosos exemplos de heroísmo, quando não de martírio; em segundo lugar, mesmo em nações como a Índia, onde a minoria cristã não tem vivenciado conflito aberto com o governo, o desejo de tal minoria cristã é servir a um Estado "secular" na busca pela justiça, ao lado de seus concidadãos adeptos de religiões não cristãs; em terceiro lugar, nos Estados Unidos, onde a população efetivamente praticante é muito maior do que na Inglaterra, onde *In God We Trust* aparece na moeda oficial, a separação entre Igreja e Estado é um axioma da política pública. Todos esses elementos contribuíram para eclipsar a "ideia" que fora defendida por Eliot – o que pode ser comprovado, por exemplo, no Ridell Memorial Lectures de D. L. Munby sobre "The Idea of a Secular Society and its Significance for Christians" (1963).

Munby partia do pressuposto de que a ideia de Eliot fazia algum sentido quando analisada em seu contexto histórico.

> Havia boas razões para se acreditar, nos anos 1930, que "sociedades neutras" estivessem condenadas ao desaparecimento em face da fervorosa cruzada comunista ou fascista, exatamente como desaparecera tal sociedade na Guerra Civil Espanhola; as razões mais fortes para tal crença eram a incompetência, a credulidade e a inércia dos líderes "liberais", exceções feitas ao vigor de Roosevelt, cujo impacto efetivo no cenário europeu era mínimo até a eclosão da Guerra, e o suspeito e marginalizado Churchill.

Em 1963, porém, Munby não considerava "tão fácil adotar uma posição pessimista em relação às possibilidades inerentes de nossa sociedade, a despeito do quanto possamos detestar a complacência e a vulgaridade da era Macmillan ora em declínio". "Estamos nos adaptando a uma sociedade secular", ele anunciava então, "à qual a Igreja parece estar se adaptando também, como aliás já ocorrera com a maioria das formas de sociedade anteriores." Em tal sociedade, há uma explícita recusa "a se comprometer de todo com uma visão particular acerca da natureza do universo e do lugar que nele o homem ocupa"; há tensões entre diversos grupos como "parte da vida", e a homogeneidade é reconhecidamente algo insustentável; há tolerância, "concedendo o benefício da dúvida a uma pletora de crenças"; há alguns objetivos comuns, e o objetivo maior de uma sociedade com um sistema econômico moderno é "aumentar os bens e serviços disponíveis à população"; no que concerne à tomada de decisões, há uma ênfase no estudo objetivo dos fatos; e não há nenhuma imagem oficial comum, à exceção de algo "tão vazio e vulgar como a Família Real". No seio dessa sociedade, argumentava Munby, a Igreja Cristã pode seguir com seu trabalho "especializado", que é proclamar a verdade a propósito de Deus e do homem por meio "daquilo que se passa na Igreja e que está a ela atrelado"; e os cristãos podem ser inspirados pela Igreja a servir a Deus e aos homens humildemente, e no mundo tal como ele efetivamente existe, lado a lado a muitos colaboradores não cristãos. Tanta especialização é requerida que "a preferência do Sr. Eliot por 'um pano de fundo comum de conhecimento' pode ser considerada não apenas imparcial como indesejada". Em vez da ênfase de Eliot na educação cristã e em uma elite de professores e pastores, Munby fecharia "um antiquado sistema de escolas confessionais" e "abriria centros nos quais as pessoas comuns poderiam discutir seus problemas cotidianos".

Ao avaliar a defesa cristã que Munby faz de uma sociedade secular, devemos fazer recair nossa ênfase nos traços de complacência e de vulgaridade que marcaram seu pensamento, assim como traços de desespero e de elitismo marcaram o pensamento de Eliot. Nos princípios da década de 1960, os fundamentos econômicos dos países ocidentais liberais pareciam muito mais sólidos do que qualquer pessoa inteligente poderia afirmar ao final da década seguinte. Além disso, a preocupação com o crescimento econômico e com a afluência social, apesar de própria a um economista como era o caso de Munby, pode parecer vazia e vulgar em comparação com os insights de Eliot acerca dos problemas espirituais trazidos por uma civilização industrial.

Esses, no entanto, são defeitos de *The Idea of Secular Society* que devem ser creditados, para que se faça justiça, às necessárias limitações da época de um homem, assim como de seu temperamento, e não são mais decisivos do que os defeitos opostos que encontramos em *A Ideia de um Sociedade Cristã*. A verdadeira questão é saber se houve de fato alguma validade para o apelo de Eliot por uma "cultura positiva" mais cristã em seu conteúdo do que a cultura geral da Inglaterra na década de 1930. Errava Eliot ao lamentar que a Inglaterra estivesse se tornando "pagã" ou "secular", bem como pluralista?

Não é matéria de disputa que a Inglaterra era mais positivamente pluralista do que Eliot reconhecia, já em 1939, e tornou-se, nos mais de quarenta anos seguintes, mais pluralista do que o poeta, nos anos 1930, admitira que fosse possível para uma sociedade minimamente "funcional".[15] "Minha tese é de que temos hoje uma cultura majoritariamente negativa, mas que, naquilo em que é positiva, ainda é cristã." Assim Eliot manifestara-se ainda no início de *A ideia de uma Sociedade Cristã*. Tratava-se de uma afirmação genérica e falsa, que desconsiderava a militância positiva da visão de mundo secular esposada por figuras influentes como H. G. Wells e Bertrand Russell. Tampouco reconhecia a presença de um nacionalismo idealista na nação, algo que seria evocado por Churchill ao liderar a Inglaterra na vitória e por Attlee ao conduzir a nação ao Estado de Bem-Estar. Mas o último parágrafo de *A Ideia de uma Sociedade Cristã* explica suficientemente o clima apocalíptico de Eliot. Ali Eliot afirma, falando da rendição aos reclames de Hitler na Tchecoslováquia,[16] almejando, como se esperava, "paz em nosso tempo", em setembro de 1938, que isso deixara

> uma dúvida quanto à validade de uma civilização. Não podíamos comparar convicção com convicção, não tínhamos ideias com que pudéssemos comparar ou opor as ideias com que nos deparamos. Estaria nossa sociedade, que sempre fora tão segura de sua superioridade e retidão, tão confiante em suas premissas não verificadas, assentada em algo não mais permanente do que um amontoado de bancos, companhias seguradoras e indústrias?

Palestrando em março de 1939, quando "a possibilidade da guerra estava sempre presente em meu espírito", Eliot ficara ainda mais deprimido por conta das fatuidades do Moral Rearmament, um movimento que recebeu algumas bênçãos eclesiásticas.

Não é de todo surpreendente que, em meio a tal crise, Eliot tenha se voltado com alívio ao companheirismo de cristãos como J. H. Oldham, cuja excelente carta ao *Times* de Londres em outubro de 1938 Eliot decidira incluir na versão publicada em livro de suas

---

[15] Ver Allan D. Gilbert, *The Making of Post-Christian Britain*. London, Longman, 1980.

[16] Atual República Tcheca. (N. T.)

conferências. Oldham (um leigo) fizera sua reputação como secretário da International Missionary Council, particularmente como organizador-chefe da conferência ecumênica sobre "Igreja, Comunidade e Estado", em Oxford, no ano de 1937. Eliot fez parte da constelação de pensadores que lá palestraram; sua fala foi sobre a verdadeira, porém limitada, importância daquelas diferenças entre cristãos, diferenças essas que encontravam seu fundamento nas noções de nação, raça e classe.[17] Oldham impressionara Eliot, como impressionara muitas outras figuras de monta, como um homem que combinava santidade com uma perspicaz compreensão das questões da hora. Tinha um talento para persuadir atarefados líderes para que dessem o seu melhor, pois se dava ao trabalho – e não era pouco – de saber precisamente onde e como tais líderes poderiam contribuir da maneira mais útil possível, e, talvez em parte, porque os fazia falar claramente em virtude de suas dificuldades para ouvir. Aqueles assim reunidos por Oldham, além daqueles que já se encontravam reunidos em torno do grupo da Cristandade e do *New English Weekly*, eram os "amigos cujas mentes estavam absortas por esses e outros problemas similares", mencionados no prefácio de Eliot de 1939. Estavam absortos por problemas desesperadoramente sérios durante uma crise mundial – e dispunham de mentes penetrantes e ricas.

Isso explica o clima em que Eliot proferiu suas conferências em 1939. Se tentássemos resumir o que se passou na Inglaterra desde então, precisaríamos ter em mente uma boa dose de unidade positiva, juntamente a uma ampla dose daquilo que Eliot chamou de liberalismo negativo. A Inglaterra tem sido constituída por grupos com as mais diferentes convicções fundamentais, e os cada vez mais profundos problemas econômicos encorajaram divisões sociais e

---

[17] J. H. Oldham (ed.), *The Churches Survey Their Task*. London, Allen & Unwin, 1939, p. 33-4.

políticas, mas esses grupos já tiveram o suficiente em comum, e já tiveram suficiente satisfação de sua vida conjunta para que tivesse havido um estável – quiçá excessivo – orgulho pelo modo de vida britânico, frequentemente manifesto na aceitação da autoridade política centralizada em uma Câmara dos Comuns profundamente dividida. Positivamente, as tentativas de incitação do ódio racial ou de negar a igualdade de oportunidades para as mulheres tornaram-se ilegais. Em uma tal situação, o único caminho democrático é o Estado manter-se neutro em questões religiosas e morais – e quanto às autoridades escolares e radiotelevisivas que caem sob o escopo da legislação do Estado, que enfatizem o fornecimento de informação acerca da religião, em vez de embarcar em qualquer tentativa maior de evangelização. O "pluralismo", e não a "Sociedade Cristã", acabou sendo para a maioria dos ingleses o fundamento adequado no qual uma dose suficiente de unidade e força nacionais pode ser construída. Presumivelmente, pode-se dizer que, tivesse Eliot vivido para revisar seus escritos sociológicos, haveria de levar em consideração tais desdobramentos – por ele inesperados naqueles meses entre a rendição de Munique e o início da Segunda Guerra Mundial.

Ainda assim, sua falha em prever os desdobramentos dos quarenta anos seguintes não invalida por completo o apelo que está no peso central de *A Ideia de uma Sociedade Cristã*. Pois sua reivindicação básica era com a unidade inconsciente da cultura nacional inglesa e com a consciência religiosa dos líderes do pensamento; e nesse registro que ele desejava investigar, a história espiritual do século XX não foi muito diferente daquilo que nos contava já o poeta.

Nas profundezas da vida inglesa, desde a catastrófica deflagração da Primeira Guerra Mundial, tem havido uma nota negativa, ainda que tenha variado em intensidade de um período para o outro. Há um temor de contemplar os prospectos de longo prazo da nação, a despeito das vitórias militares de grande prosperidade pessoal; uma rejeição da unidade da família tradicional, que vem de par com uma falta de ambição confidente para que as cidades e metrópoles abriguem a maioria da população; e uma falta de fé na habilidade do indivíduo para dominar os desafios da vida privada, ocasionados parcialmente pelo declínio da influência da religião tradicional. (Tudo isso tem sido compatível com um tenaz patriotismo, já que o sentimento geral tem sido que as demais nações, mais cedo ou mais tarde, igualmente serão vítimas das mesmas ansiedades.) Todas as atitudes mencionadas aqui tiveram algumas de suas mais clássicas expressões modernas na poesia e na prosa de Eliot. Ele costumava dizer, protestando, que *A Terra Desolada* e outros poemas melancólicos escritos antes de sua conversão e batismo cristãos não eram "sobre" a sociedade que o cercava então, e é verdade que até 1927 a Inglaterra era, sob diversos aspectos, ainda vitoriana. Suas experiências pessoais, contudo, permitiram-lhe indicar angústias que já então não eram incomuns, e que estavam por se tornar, a partir de 1927, cada vez mais características do mundo moderno: alienação dos pais e de sua fé; desarraigamento, como um errante entre nações e como uma pessoa educada sem emprego adequado; solidão na cidade industrial e comercial; fastio em relação à trivialidade e ao materialismo dos privilegiados; desencanto com o sexo casual, então mais fácil do que nunca; a ferida profunda do fracasso do casamento. Eis porque um sem-número de pessoas memorizou versos de Eliot como se fossem gritos de seu próprio desespero interior.

Em uma longa jornada que se encontra ainda apenas parcialmente registrada, ele deixou a segurança acadêmica da qual havia desfrutado pela esperança de que a desinteressada busca pela literatura pudesse servir de sucedâneo para a religião que renunciara em sua forma Unitária na infância, pela terra desolada, pelo "coração da luz, o silêncio". Logo após seu batismo, explicou a Paul Elmer More (outro convertido do humanismo de Harvard) que "apenas o cristianismo ajuda o indivíduo a reconciliar-se com sua própria vida, que, de outro modo, é desprezível". Em 1931, escreveu detalhadamente e com uma simpatia penetrante a propósito dos *Pensamentos* de Pascal. Poderia, no entanto, oferecer razões intelectuais para sua religião; com efeito, insistia nelas, mais que no "subjetivismo" ou na "Voz Interior", e um de seus temas veio a ser justamente a celebração do poder intelectual da tradição cristã. Toda aquela agonia, e a longa resposta da fé que trouxe consigo uma simplicidade ao preço de "não menos que tudo", jazem por trás de sua insistência na suprema importância da apreensão individual da verdade da doutrina cristã e da glória do comportamento cristão.[18]

Tendo adotado essa visão da vida em que o secularismo era, em última instância, "o horror, o horror", em que o maior perigo para o homem era a alienação de Deus, em que a vida em face da morte era em última análise ou bem o inferno, ou bem o purgatório, Eliot inevitavelmente passou a considerar que a função mais importante que uma sociedade poderia desempenhar era ajudar, e não atrapalhar, a resposta da alma ao Criador. Acertou Nevill Coghill ao perceber que a "ideia motora" de Eliot por um longo tempo depois de sua conversão era o "renascimento para uma vida sobrenatural através de um ciclo em que a descida à negra noite da alma é uma preliminar recorrente".[19] Qualquer coisa distinta do "frio regresso" dos Reis Magos para um nascimento que era também uma morte era, para Eliot, nada menos que uma fuga da realidade. Todos os que não passassem por tal peregrinação permaneceriam vazios e "iriam todos para a escuridão", uma vez que a vida mundana era o "nascimento, a cópula e a morte" de Sweeney. A premência da Ressurreição era o que importava, como para São Paulo e para "Marina", em 1930:

---

[18] Não há uma bibliografia exaustiva a respeito, mas veja-se J. D. Margolis, *T. S. Eliot's Intellectual Development 1922-39*. Chicago, Chicago University Press, 1971; e Lyndall Gordon, *Eliot's Early Years*. Oxford, OUP, 1977.

[19] Richard Marsh e Tambimuttu (eds.), *T. S. Eliot: A Symposium*. London, Editions Poetry, 1948, p. 84.

> Aqueles que os dentes do cão afiam, significando
> Morte
> Aqueles que na glória do colibri cintilam, significando
> Morte
> Aqueles que na pocilga da satisfação se assentam, significando
> Morte
> Aqueles que do êxtase dos animais partilham, significando
> Morte
>
> Tornam-se incorpóreos, reduzidos a nada por um golpe de vento
> Uma exalação de pinho, e a neblina da canção silvestre
> Por esta graça no espaço se dissolve...

Parece que até o fim de sua vida, quando era muito feliz no casamento e amplamente reconhecido, e quando trinta anos de autodisciplina cristã conduziram-no a algo muito próximo da alegria dos santos, Eliot poderia ter avaliado a situação humana em termos mais felizes do que aqueles encontrados sem sua poesia (ou em suas peças anteriores a *O Velho Estadista*). Aqueles que lhe foram mais próximos, contudo, nos garantem e reafirmam que mesmo nesse róseo jardim ele jamais renunciou à sua visão da vida cristã como um renascer por meio do sofrimento, da melhor rosa como sendo também fogo. Assim o demonstrou em sua brochura sobre George Herbert (1962). Ele não esperava que todos fossem tão isolados, angustiados ou articulados como ele o fora; com efeito, já no final dos anos 1930 dizia francamente que "para a grande massa da humanidade" o cristianismo poderia "ser quase inteiramente realizado no comportamento", uma vez que "sua capacidade para *pensar* acerca dos objetos da fé é diminuta". Porém deixou claro seu desejo de ver uma sociedade em que as decisões religiosas de indivíduos ponderados não seriam limitadas, desencorajadas ou ridicularizadas – como as suas próprias foram – e em que, para o povo, "a dificuldade de se comportar como cristãos não devesse impor um peso insuportável". Almejava uma sociedade em que houvesse "um *respeito* pela vida religiosa, pela vida da oração e da contemplação". E acreditava que seus companheiros cristãos deveriam compartilhar seu anseio por uma sociedade assim, tão diferente do mundo que ele – e eles – conheceu. Sua própria conversão desconcertou grande parte de seus amigos mais inteligentes, cujas explicações psicológicas acerca de sua decisão sem dúvida chegaram aos ouvidos do poeta – certamente sem qualquer deleite de sua parte. Em um ensaio de 1935 sobre "Religion and Literature", escreveu que, na Inglaterra, o período em que "vivemos" era tal que "praticamente todos os romancistas contemporâneos jamais ouviram a fé cristã se pronunciar senão como um anacronismo". Em um ensaio menos conhecido, deplorando a "Religião sem Humanismo", sua contribuição para o volume *Humanism and America*, editado por Norman Foerster (1930), Eliot lembrava à América: "Todas as formas religiosas que têm alguma linhagem, e muitas que não as têm, ali florescem; mas entre as pessoas que conheci, dificilmente há uma sequer com alguma conexão (para não dizer convicção) com qualquer uma delas".

Se a necessidade de tornar a santificação das almas um pouco menos difícil era uma preocupação essencial de Eliot em sua crítica social, então ele é, sem dúvida, merecedor da simpatia de quem quer que aprecie a importância atemporal da busca religiosa – merece, em particular, a simpatia de outros cristãos. Cinquenta anos depois da publicação de *A Terra Desolada*, em uma série de conferências na Universidade de York, o poeta Donald Davie encerrou-as mencionando "a disposição contra o cristianismo como uma hipócrita trapaça tão comum, nada menos que universal, entre meus amigos e contemporâneos".[20] A devoção e a vitalidade encontradas nas Igrejas são reais, como reais são os perigos para o futuro do cristianismo no que parece ser uma sociedade fortemente não cristã. Para aqueles que foram convertidos ao cristianismo, e que desejam que seus

---

[20] A. D. Moody (ed.), *"The Waste Land" in Different Voices*. London: Edward Arnold, 1974, p. 234.

companheiros tenham a mesma experiência à sua própria maneira, o confinamento da Igreja a um pequeno, arcaico e diminuto gueto, em que opera como uma minoria tolerada, porém isolada dos interesses da sociedade como um todo, não pode ser um ideal aceitável. Para aqueles que acreditam que o cristianismo fornece as mais importantes pistas para nossas difíceis e misteriosas vidas, e que, portanto, tem sido apropriadamente fio condutor das civilizações europeia e americana, a rejeição "não menos que universal" de toda religião tradicional a título de ópio do povo, ou de magia primitiva, ou de autoindulgência emocional de neuróticos, é a recusa da luz nas trevas da humanidade. Reagindo contrariamente a todas essas tendências na sociedade inglesa, e em todos os níveis – daqueles que liam Marx, Fraser e Freud até aqueles que liam os quadrinhos no jornal dominical –, Eliot anunciou desafiadoramente (em um programa de rádio incluído na edição de *A Ideia de uma Sociedade Cristã*) que a Igreja "quer a todos, e quer a todos inteiramente", de modo que "deveria lutar por uma condição da sociedade que venha a dar o máximo de oportunidade para que possamos viver vidas completamente cristãs, e o máximo de oportunidades para que os outros se tornassem cristãos". Ele reagiu tão fortemente porque dava um tão alto valor ao que havia encontrado no cristianismo – uma descoberta que indicou, em algumas poucas sentenças impregnadas de autorrevelação, em sua contribuição para *Humanism and America*:

> Sobre a questão seguinte, falo com hesitação, reconhecendo que me falta qualificação lá onde a qualificação é severa e exata. O Humanismo tem muito a dizer sobre a Disciplina, a Ordem e o Controle; eu mesmo já me vali de tais termos irrefletidamente. Não encontrei disciplina alguma no humanismo; apenas um pouco de disciplina intelectual advinda do estudo da filosofia. A disciplina difícil, contudo, é a disciplina e o treino das emoções; eis algo de que o mundo moderno tem grande necessidade; tão grande que nem sequer consegue entender o que tal palavra significa; e isso só pode ser atingido – assim o descobri – através da religião dogmática. Não estou afirmando que a religião

dogmática é justificável porque supre tal necessidade – isso é apenas o psicologismo e o antropocentrismo que desejo evitar –, mas tão só afirmar minha crença no fato de que tal necessidade não pode ser suprida de nenhum outro modo. Há muita garrulice sobre o misticismo: para o mundo moderno a palavra significa um borrifar de indulgência emocional, em vez da mais terrível concentração e ascese. Leva-se, porém, uma vida inteira, talvez, para que se perceba que homens como os sábios das florestas, como os sábios dos desertos e, finalmente, os Vitorinos, João da Cruz e (a seu modo) Ignácio *realmente acreditavam no que diziam*. Apenas aqueles que olharam para o Abismo têm o direito de falar de disciplina. Aquilo de que necessita o mundo moderno é disciplina e treino das emoções; algo que nem o traquejo filosófico ou científico, nem a sabedoria do humanismo, nem a instrução negativa da psicologia pode fornecer.

Esta reedição de *A Ideia de uma Sociedade Cristã* traz ainda alguns outros escritos. Por muitos anos, só era possível ter acesso a eles com grande dificuldade, o que ajuda a explicar por que uma imagem distorcida de Eliot como um pensador social parece ter ganhado tamanha aceitação.

Primeiramente, há a resenha de *A Ideia de uma Sociedade Cristã* que Eliot evidentemente considerou a mais importante; ele escreveu um artigo, e também uma carta pública em resposta a ela, ambos aqui acrescidos ao texto das conferências. A resenha de Maurice Reckitt no *New English Weekly* de 7 de dezembro de 1939 mostra que o livro não era "recebido com incompreensão" (como foi o caso, segundo o diretor E. Marin Browne, da peça *Reunião de Família*, lançada quase simultaneamente). O livro foi ampla e favoravelmente debatido na imprensa, e essa resenha aborda os pontos que pareceram mais importantes à época para outro pensador cristão de destaque. A resenha dá continuidade à discussão levantando um ponto que, como Eliot generosamente comentou, "transcende em muito a importância do próprio livro". Será suficientemente cristão desejar uma sociedade "em que o fim natural do homem – virtude e bem-estar na comunidade – é reconhecido por todos, e o fim sobrenatural – beatitude – por aqueles que têm olhos para vê-lo"? Será suficiente esperar que a maioria das pessoas na referida sociedade "não seja individualmente melhor do que é agora", exceto pelo seu pertencimento à sociedade cristã por seu "comportamento e conformidade"? Em um artigo intitulado "Uma Sociedade Subpagã", Eliot respondeu que seu ideal estava baseado em Santo Tomás de Aquino, exceto que "minha Cidade deve encontrar um lugar para habitantes que falhem em reconhecer a revelação cristã". A cristandade, lembrava Eliot, jamais vivera sob os padrões do Novo Testamento, pois sempre fora "uma sociedade humana [...], sujeita sempre e a qualquer momento a cair da mão de Deus". Em uma carta subsequente ao editor, ele admite que seu estilo não deixara claras suas intenções, que tinham sido as de "me limitar às exigências *mínimas* para que uma sociedade pudesse vir a ser *chamada* uma sociedade cristã".

Os dois escritos seguintes mostram-no esclarecendo algumas ideias presentes em suas conferências de 1939 e comunicando-as a um público mais abrangente. "Para uma Grã-Bretanha Cristã" foi levado ao ar pela BBC em 10 de abril de 1941. "Virtude Cristã e Virtude Natural" foi impresso como parte do *Christian News-Letter* de 3 de setembro de 1941. Trata-se de texto de especial interesse por conta do que afirma sobre o patriotismo.

A seguir temos "Liberdade em Tempos de Guerra", que apareceu no *Christian News-Letter* de 21 de agosto de 1940. O título, em verdade, foi acrescentado porque o ensaio mostra Eliot enfrentando os problemas práticos dos direitos dos objetores de consciência ao serviço militar, bem como aqueles relacionados aos prisioneiros de guerra, e isso no ápice da ameaça nazista à liberdade da Inglaterra. Um documento como esse, escrito em uma época como aquela, liquida as alegações de que filosofia política de Eliot era totalitária, desumana ou puramente teórica. Do mesmo modo "A Diversidade da Opinião Francesa", publicado no *Christian News-Letter* de 28 de agosto de 1940, dá nome a artigo que mostra quão desinformada é qualquer acusação de que as simpatias de Eliot estavam confinadas à extrema direita na política francesa. O curto ensaio seguinte, "A Educação Cristã na França", foi publicado no *Christian News-Letter* de 3 de setembro de 1941 e ajuda a refutar qualquer descrição de Eliot como um antissemita ou como um defensor dos excessos reacionários. Seu amor pela França reluz em tais artigos, escritos nas horas mais sombrias daquela nação.

Os ensaios seguintes, que hão de surpreender também aqueles que têm escrito sobre Eliot como um incurável reacionário, analisam a educação em uma sociedade cristã. O *Christian News-Letter* de 13 de março de 1940 lembra aos leitores a importância dos valores da sabedoria e da santidade, dos quais uma "educação para a cultura" e "formadora do caráter" são "os resquícios atrofiados". Ele também assegura aos leitores, porém, que "não está ansioso para descartar o que quer que seja", nem laboratórios, nem escolas técnicas, e que "não há sistema algum ao qual possamos voltar". Como a educação é reconstruída, ele simplesmente pretende apresentar alguns questionamentos básicos, tais como: qual é o tipo de homem que uma sociedade tem na mais alta conta? Deveriam todos ficar na escola até os dezoito anos? Deve a igualdade de oportunidades aos jovens resultar em tamanha mobilidade social que a educação produza "uma raça de nômades espirituais"?

Outro ensaio, agora reeditado de *The Life of the Church and the Order of Society* (1942), foi apresentado como um artigo na conferência convocada pelo arcebispo William Temple no Malvern College, por três dias em janeiro de 1941. O encontro pretendia "analisar desde um ponto de vista anglicano quais são os fatos fundamentais que são diretamente relevantes ao ordenamento da nova sociedade, que emerge de maneira bastante evidente, e como o pensamento cristão pode ser moldado de forma a desempenhar um papel de liderança na reconstrução após o fim da guerra". Quatrocentos bispos, clérigos e leigos reuniram-se e, no conjunto, ficaram confusos com os trabalhos apresentados, que foram muitos, muito longos e repletos de jargão. Discussões como essa tratavam fundamentalmente dos desafios do socialismo e do pacifismo, que não eram temas de Eliot. Sua conferência, contudo, merece ser estudada ao lado de outra, "The Issue of Religion", proferida em um curso sobre "The Aims of Education", que ocorreu em Chicago entre 1950-1951 e que foi publicada em *To Criticize the Critic*.

Em 1941, Eliot instava que "nenhuma concepção adequada de educação é possível sem a liderança da Igreja". Partindo mormente de experiências americanas, ele rastreou a ascensão da especialização nas escolas e nas universidades, a ascensão do humanismo com seus ideais opostos de unidade e sabedoria, e a ascensão do interesse cristão em fornecer ao jovem aquilo que o humanismo não pode oferecer. "O interesse cristão não pode exigir menos do que a extensão de suas capacidades – uma expectativa que se encontra longe de ser realizada em nossos dias." Eliot cuidou para se dissociar da tradição da "escola pública" ou do "gentleman", fundada por Thomas Arnold, diretor da Rugby School (apesar de estar proferindo a conferência em uma escola pública e seu anfitrião e organizador, o arcebispo Temple, ter sido aluno de Rugby e ter ingressado na vida pública como um discípulo de Arnold). "A doutrina cristã de Arnold", observou Eliot, "era tal que seria vaga, inconsistente e talvez mesmo herética em qualquer época" – sendo ainda irrelevante porque "pressupunha que a nação era cristã". Ao mesmo tempo, ele fez questão de defender a entrega do controle da educação à Igreja, uma vez que "deve ser nossa ambição evitar, e não promover, a centralização e a padronização". Alegava, porém, que a "alma da educação" deveria ser inspirada pelo cristianismo, e não por "uma orientação mundana tal que fará com que todo e qualquer esforço de educação religiosa, mesmo o mais limitado, seja em vão" – uma alegação que poucos especialistas na década de 1980 considerariam ridiculamente datado.

O ensaio "Sobre o Lugar e a Função da Intelectualidade" foi escrito para discussão no Moot, em dezembro de 1944. É reeditado aqui, ainda que tivesse sido lançado por Roger Kojecky em 1971, pois faz a ponte entre *A Ideia de uma Sociedade Cristã* e *Notas para uma Definição de Cultura*. Buscava pensar a constituição e a função da *clerisy*, "intelectualidade". "*Clerisy*" era o termo de Coleridge para a "elite clerical" de seu tempo, porém nem Coleridge, nem Eliot incluíam apenas clérigos em tal categoria. A "*clerisy*", ou "intelectualidade", é muito mais ampla do que qualquer coisa que Coleridge tenha concebido, e mais ampla do que a "Comunidade de Cristãos" almejada por Eliot em suas conferências de 1939 (abarcaria mesmo Noël Coward), mas a comunidade de cristãos certamente teria sido "clerical" no sentido aqui analisado.

Este volume se encerra com uma reedição do ensaio de Eliot sobre "Revelação", extraído do simpósio de mesmo título, organizado por John Baillie e por Hugh Martin, e publicado sob o comando de Eliot pela Faber and Faber em 1937. É uma explicação mais defensável dos anos 1930 do que aquela adotada pelo poeta após o choque da rendição a Hitler em 1938, além de ser o mais completo pronunciamento feito por ele em prosa a propósito de sua posição religiosa, num momento em que já havia serenado após sua conversão.

Após uma consideração preliminar da visão de mundo secular popularizada por figuras como H. G. Wells, Eliot observava que "os escritores dessa geração mais caracterizados pelo zelo para com o pensamento – aqueles cuja atenção não está totalmente tomada por futuras reformas políticas e sociais, e que, portanto, têm tempo para considerar objetivos finais – sentem a necessidade de nos assegurar que a humanidade ainda tem algo por que viver". Após rejeitar a "conquista da felicidade" à moda de Bertrand Russell, Eliot sugeria que a conversão ao comunismo ou ao "marxismo místico" poderia trazer consigo "um desejo de satisfazer impulsos cristãos reprimidos sem de fato abraçar o cristianismo", aduzindo o caso de André Gide.

Eliot parece ter dado mais atenção à alternativa budista, particularmente em função da aparente adesão de Irving Babbitt em um ensaio publicado em 1936 – o mesmo Babbitt com quem Eliot partilhara uma vida de diálogo intelectual desde que fora seu aluno em Harvard em 1909-1910. Essa passagem é de um interesse todo particular, pois Eliot relata (por exemplo, contou-o a Stephen Spender) que, durante o período de *A Terra Desolada,* considerou seriamente ele próprio uma conversão ao budismo (de maneira que o "Sermão do Fogo" sobre a vida londrina tinha esse significado existencial). A admiração humanista de Babbitt da "qualidade da vontade" budista interessa também em vista do prestígio desfrutado pela sabedoria oriental no desiludido Ocidente dos anos 1960 e 1970. Eliot, porém, objetava que Babbitt havia invalidado seus louvores ao budismo às expensas do cristianismo ao não compreender a tradição mística cristã e ao insistir na identificação do cristianismo com "uma das formas decadentes de religiosidade que vira ao seu redor", enquanto ocultava o fato de que uma crença na reencarnação era essencial ao budismo. Esses são comentários que se poderia esperar que os cristãos tivessem feito com maior firmeza do que de fato o fizeram quando o diálogo acerca dos grandes credos da humanidade foi reaberto nos anos 1960.

Eliot passa a considerar, a seguir, o "misticismo psicológico, que é antes um fenômeno de decadência do que de crescimento" – um fenômeno da década de 1930, defendido por Aldous Huxley, e que "tinha algo em comum com o budismo de Irving Babbitt". Tinha muito mais em comum com os cabeludos da Era de Aquário e com a chegada do *flower power*, celebrado pelos hippies e por outros radicais de inclinações orientais na década de 1960 e mesmo depois. Muito antes da Era de Aquário, Eliot observou que "a paz [...] não pode ser uma boa causa final". Não é "um fim, mas um meio", e a defesa da meditação com o objetivo de fortalecer a Vontade de Paz ainda deixa sem resposta a questão teológica: qual é o fim supremo do homem? A mesma questão permanecia, pensava Eliot, depois da "longa vida em busca de uma religião" de D. H. Lawrence. Para este último, o mundo moderno do Iluminismo e do progresso era um pesadelo, mas em vez de se voltar para o elevado misticismo de Huxley, "ele quis descer o mais baixo possível na escala da consciência humana, de modo a encontrar algo de que pudesse estar seguro que era *real*". A resposta de Eliot importa em vista do culto fálico que floresceu na Inglaterra após a fracassada tentativa de processar os editores de *O amante de Lady Chatterley* em 1960. Eliot (que durante toda a sua vida fora um oponente da censura de obras com méritos literários) desejava aparecer para a defesa naquele julgamento simbólico. Porém, em 1937, como depois, Eliot expressou argutas restrições acerca daquele romance e considerou a religião centrada no sexo de Lawrence algo como magia, como uma tentativa "fundamentalmente quimérica" de não apenas adorar a natureza como também manipulá-la. Esse contraste entre o misticismo psicológico de Huxley e a magia do corpo de Lawrence levou Eliot a uma avaliação conclusiva acerca "das principais características das filosofias sem revelação". Elas são instáveis, porém sedutoras, sempre se apresentando como novidades capazes de tudo resolver de pronto. Seu surgimento é sintomático dos efeitos da repressão do sentimento religioso em uma época em que "a inteira tendência da educação [...] tem sido, e já de há muito, formar mentes cada vez mais adaptadas ao secularismo".

Tal era, basicamente, a análise feita por Eliot da condição espiritual do país que em 1938 parecia deixar a desejar em matéria de convicção para enfrentar Hitler. Pode parecer que sua análise tenha sido desmentida por fenômenos dos tempos de guerra, tais como os National Days of Prayer, a circulação do *Christian News-Letter* (mais de 9 mil por semana em 1940), a influência de William Temple ou a acolhida a seus *Quatro Quartetos*. Porém, ao menos em certos aspectos, Eliot levantou a questão de saber se o viço ou o arrebol do cristianismo não estaria o tempo todo minguando. Em uma fala de 1943, posteriormente desenvolvida para uma audiência parisiense em 1945, ele declarava:

O problema da era moderna não é simplesmente a incapacidade para acreditar em certas coisas a respeito de Deus e do homem como nossos antepassados acreditavam, mas sim a incapacidade de *sentir-se* em relação a Deus e ao homem como eles o fizeram. Uma crença na qual você não mais crê é algo que, até certo ponto, é possível entender; mas quando o sentimento religioso desaparece, as palavras por meio das quais os homens expressaram-no com satisfação tornam-se desprovidas de significado.

Segue-se que o termo "secular", que Eliot preferia evitar, valendo-se de "pagã" ou "infiel", vinha se tornando inescapável.[21]

A análise de Eliot de 1937, assim sombriamente revisada durante a guerra, precisaria ser alterada em muitos detalhes, caso se desejasse relacioná-la às figuras dominantes no cenário cultural vinte, trinta ou quarenta anos depois, mas, mesmo em nossos dias, parece ser digna de consideração. Com efeito, o estudo da poesia de Eliot na escola e na universidade tornou-se uma das maneiras mais poderosas de manter viva a imaginação moral e religiosa no mundo anglófono nos anos 1980. Ao final de seu estudo *A Era de T. S. Eliot*, o scholar americano Russell Kirk citava as palavras que Eliot escrevera sobre F. H. Bradley:[22] "Combatemos por causas perdidas porque sabemos que nossa derrota e desalento podem ser o prefácio da vitória de nossos sucessores, ainda que tal vitória seja temporária; combatemos antes para manter algo vivo do que na expectativa de que algo venha a triunfar". Acreditando que a causa a que Eliot

---

[21] Uma discussão mais recente por sociólogos profissionais, mais bem nuançada que as de Eliot, inclui *The Religious and the Secular* (London, Routledge, 1969), e *The Dilemmas for Contemporary Religion* (Oxford, Blackwell, 1978). Em *Religion in Secular Society* (London, Watts, 1966), outro sociólogo distinto, Bryan Wilson, considera uma profunda secularização da sociedade como algo irreversível, e em *Religion in Sociological Perspective* (Oxford, OUP, 1982), lamentava muitos de seus resultados.

[22] Russell Kirk, *Eliot and His Age*. New York, Randon House, 1971. Edição brasileira: *A Era de T. S. Eliot: A Imaginação Moral do Século XX*, São Paulo, É Realizações, 2012.

se convertera era, essencialmente, a causa da verdade, mesmo durante os anos 1980 alguns sentem que as palavras gravadas em seu memorial, no Poet's Corner na Abadia de Westminster, aplicam-se ao coração de sua crítica social:

> ... a comunicação
> Dos mortos se propaga – língua de fogo – para além da
>   linguagem dos vivos.

Deado de Norwich
David L. Edwards, 1982

A Ideia de uma Sociedade Cristã

PREFÁCIO

As três conferências que, com alguma revisão e edição, são aqui publicadas, foram realizadas em março de 1939 a convite dos professores e pesquisadores do Corpus Christi College, de Cambridge, na Boutwood Foundation. Desejo expressar meu agradecimento para com os professores e pesquisadores por tal honra e privilégio. Adicionei as notas durante a preparação das conferências para publicação.

Meu ponto de partida foi a suspeita de que os termos em que atualmente se dão as discussões acerca das relações internacionais e da teoria política tendem apenas a nos ocultar as verdadeiras questões da civilização contemporânea. Como escolhi examinar um problema tão vasto, deveria ser óbvio que as páginas a seguir somente pudessem, em si mesmas, ser de pouca importância, e que elas serão úteis apenas se tomadas como uma contribuição individual a uma discussão que deve ocupar muitas mentes por muito tempo. Pretender ser original seria uma impertinência: no máximo, este ensaio pode ser simplesmente uma disposição original de ideias que não me pertenciam antes e que devem passar a ser propriedade de quem quer que possa fazer uso delas. Devo muito a conversas com certos amigos cujas mentes estão absortas por esses e outros problemas: fazer agradecimentos específicos poderia ter o efeito de imputar a esses amigos uma responsabilidade inconveniente por minhas próprias falhas de raciocínio. Porém, devo igualmente muito a alguns livros recentes: por exemplo, a *Beyond Politics*, do Sr. Christopher Dawson, a *The Price of Leadership*, do Sr. Middleton

Murry, e aos escritos do Reverendo V. A. Demant (cujo *Religious Prospect* apareceu-me demasiado recentemente para que pudesse dele fazer uso). E devo profundamente à obra de Jacques Maritain, especialmente com seu *Humanismo integral*.

Tenho confiança de que o leitor compreenderá desde já que este livro não defende nenhuma "retomada religiosa" em um sentido que já nos é familiar. Essa é uma tarefa para a qual sou incompetente, e o termo parece-me implicar uma possível separação entre o sentimento religioso e o pensamento religioso, separação essa que não aceito – ou que não considero aceitável em face das nossas presentes dificuldades. Um autor anônimo recentemente observou no *The New English Weekly* (de 13 de julho de 1939) que

> Os homens viveram de acordo com instituições espirituais (de algum tipo) em toda sociedade, e também de acordo com instituições políticas e, indubitavelmente, com atividades econômicas. Reconhecidamente, eles tenderam, em diferentes períodos, a depositar sua confiança em algumas das três como o verdadeiro cimento da sociedade, porém em tempo algum elas excluíram inteiramente as outras, porque é impossível fazê-lo.

Essa é uma distinção importante e valiosa nesse contexto; deve ficar claro, contudo, que aquilo em que estou interessado aqui não são as instituições espirituais em seus aspectos separados, mas sim a organização de valores e uma direção do pensamento religioso que deve inevitavelmente passar a uma crítica dos sistemas políticos e econômicos.

I

O fato de que um problema certamente levará muito tempo para ser resolvido e de que ele demandará a atenção de muitas mentes por inúmeras gerações não é justificativa para adiar seu estudo. E, em tempos de emergência, pode ficar provado no longo prazo que os problemas que adiamos ou ignoramos, e não aqueles que não fomos capazes de atacar com sucesso, voltarão a nos assolar. Devemos sempre lidar com as dificuldades do momento de alguma forma: porém nossas dificuldades permanentes são dificuldades de todo momento. O assunto em que estou interessado nas páginas seguintes é tal que estou convencido de que devemos voltar nossa atenção para ele agora, se esperamos algum dia livrar-nos das perplexidades imediatas que ocupam nossas mentes. Ele é urgente porque é fundamental; e sua urgência é a razão pela qual uma pessoa como eu tenta se dirigir, sobre um assunto que está além de seu escopo usual, àquele público que provavelmente lerá o que ela escreve sobre outros assuntos. Trata-se de assunto que, fosse eu um profundo especialista em alguma de diversas áreas, sem dúvida, poderia lidar muito melhor com ele. Não estou escrevendo para especialistas, e sim para pessoas como eu; alguns defeitos podem ser compensados por algumas vantagens, e o que se deve julgar, em um especialista ou em qualquer outra pessoa, não é seu conhecimento específico, mas o resultado total de pensamento, sentimento, experiência de vida e observação dos seres humanos.

Embora a prática da poesia não necessariamente confira sabedoria ou acumule conhecimento, ela deve ao menos treinar a mente em um hábito de valor universal: o da análise dos significados das palavras – daquelas que alguém tenta empregar, assim como as palavras dos outros. Usando o termo "ideia" de uma sociedade cristã, não quero utilizar essencialmente um conceito derivado do estudo de quaisquer sociedades que escolhamos chamar de cristãs; refiro-me a algo que só pode ser encontrado na compreensão da finalidade à qual uma sociedade cristã, para merecer esse nome, deve se dirigir.[1] Não limito

---

[1] Ao usar o termo "ideia", tenho em mente, é claro, a definição dada por Coleridge, quando ele estabelece, no início de seu *Church and State*, que: "Por uma ideia refiro-me (nesse caso) àquela concepção de uma coisa que não é abstraída de qualquer estado, forma ou modo particular, em que a coisa pode vir a acontecer nesse ou naquele tempo; tampouco generalizada de qualquer número ou sucessão de formas ou modos; mas que é dada pelo conhecimento de sua finalidade última".

a aplicação do termo a uma sociedade cristã aperfeiçoada na Terra; e não incluo quaisquer sociedades nele simplesmente porque alguma profissão de fé cristã ou algum vestígio de prática cristã se mantém. Da mesma forma, meu interesse na sociedade contemporânea não será fundamentalmente em defeitos, abusos ou injustiças específicos, mas na seguinte questão: Qual é a "ideia", se é que há alguma, da sociedade em que vivemos? Com que finalidade ela é organizada?

Podemos aceitar ou rejeitar a ideia de uma sociedade cristã; porém, se vamos aceitá-la, devemos tratar o cristianismo com muito mais respeito *intelectual* do que é nosso costume; devemos tratá-lo como sendo, para o indivíduo, uma questão fundamentalmente de pensamento, e não de sentimento. As consequências de tal atitude são demasiado sérias para serem aceitáveis para todos: pois quando a fé cristã não é apenas sentida, mas também pensada, ela tem resultados práticos que podem ser inconvenientes. Pois ver a fé cristã dessa maneira – e vê-la dessa maneira não significa necessariamente aceitá-la, mas simplesmente compreender as verdadeiras questões – é ver que a diferença entre a ideia de uma sociedade neutra (que é aquela da sociedade em que vivemos no presente) e a ideia de uma sociedade pagã (tal como os sustentáculos da democracia abominam) é, no longo prazo, de menor importância. Não estou neste momento interessado quanto aos meios para fazer surgir uma sociedade cristã; não estou sequer fundamentalmente interessado em fazer com que ela pareça desejável; estou muito interessado, porém, em tornar claras suas diferenças com relação ao tipo de sociedade em que vivemos hoje. Ora, entender a sociedade em que se vive deve ser do interesse de todo ser humano consciente e pensante. Os termos correntes em que descrevemos nossa sociedade, os contrastes com outras sociedades por meio dos quais nós – as "democracias ocidentais" – a elogiamos, funcionam apenas de modo a nos ludibriar e entorpecer. Referir-se a nós como uma sociedade cristã, em oposição àquelas da Alemanha ou da Rússia, é um abuso dos termos. Queremos dizer apenas que temos uma sociedade em que ninguém é penalizado pela *profissão formal* do cristianismo; porém ocultamos de nós mesmos o desagradável conhecimento dos reais valores segundo os quais vivemos. Ocultamos de nós mesmos, ademais, a similaridade entre a nossa sociedade e aquelas que execramos: pois teríamos de admitir, se reconhecêssemos a similaridade, que os estrangeiros saem-se melhor. Suspeito que, em nosso desprezo pelo totalitarismo, há infundida uma boa dose de admiração por sua eficiência.

O filósofo político do presente, mesmo quando ele próprio é um cristão, não costuma se preocupar com a possível estrutura de um Estado cristão. Ele está ocupado com a possibilidade de um Estado justo em geral, e quando não é adepto de um ou outro sistema secular, está inclinado a aceitar nosso presente sistema como devendo ser aperfeiçoado, porém não fundamentalmente alterado. Os escritores teológicos têm mais a dizer acerca do que é relevante para o meu assunto. Não estou aludindo àqueles escritores que buscam infundir um espírito cristão vago, e por vezes corrompido, na condução ordinária dos negócios; ou àqueles que buscam, em momentos de emergência, aplicar princípios cristãos a situações políticas particulares. Relevantes para meu assunto são os escritos dos sociólogos cristãos[2] – aqueles

---

[2] Tenho uma dívida profunda para com diversos economistas e sociólogos cristãos, tanto na Inglaterra quanto em outros países, notadamente para com R. H. Tawney. A diferença do enfoque que ofereço nestas páginas não precisa ser mais profundamente elaborada, porém é interessante comparar o tratamento do problema da Igreja e do Estado por V. A. Demant em seu preciosíssimo *Christian Polity*, p. 120 ss. e p. 135 ss. Pe. Demant observa que a autoridade da Igreja "não pode ser reivindicada com base em sua representação de todos os cidadãos". Porém, enquanto a Igreja não representa todos os cidadãos no sentido em que se pode dizer que um Membro do Parlamento "representa" seus eleitores, mesmo aqueles que votaram consistentemente contra ele, ainda assim sua função parece-me ser mais ampla do que simplesmente "proteger o indivíduo em seu direito a perseguir certos propósitos que não são propósitos políticos"; minha preocupação primária ao longo deste livro não é a responsabilidade da Igreja para com o indivíduo, mas para com a comunidade. A relação da Igreja com o Estado pode ser uma relação de freios e contrapesos,

escritores que criticam nosso sistema econômico à luz da ética cristã. Seu trabalho consiste em proclamar em geral, e em demonstrar em particular, a incompatibilidade do princípio cristão e de boa parte de nossa prática social. Eles apelam ao espírito de justiça e humanidade pelo qual a maioria de nós professa estar inspirada; apelam também à razão prática, demonstrando que muito de nosso sistema não é apenas iníquo, mas, no longo prazo, incontrolável e conducente ao desastre. Muitas das mudanças que tais escritores advogam, ainda que dedutíveis de princípios cristãos, podem exercer o seu apelo a qualquer pessoa inteligente e desinteressada, e não requerem uma sociedade cristã para os implementar, ou a crença cristã para torná-los aceitáveis: embora elas sejam mudanças que tornariam mais possível para o indivíduo cristão praticar seu cristianismo. Aqui estou interessado apenas secundariamente na vida do devoto cristão: meu

---

porém os requisitos e a justificação dessa relação é a relação da Igreja com a *sociedade*. O Pe. Demant oferece um ótimo relato das forças tendendo à aceitação do Estado absolutista, e observa com razão que "esse fato da secularização da vida humana não surge fundamentalmente da extensão dos poderes do Estado. Esse é, antes, um esforço do Estado para recuperar sua significância na vida de um povo que se tornou desintegrado através da confusão de fins e meios sociais que é a secularização".

Uma das causas do Estado totalitário é um esforço do Estado para suprir uma função que a Igreja deixou de satisfazer; entrar em uma relação com a comunidade que a Igreja não foi capaz de manter; o que leva ao reconhecimento, enquanto cidadãos completos, apenas daqueles que estão preparados para aceitá-lo nessa relação.

Concordo cordialmente com as observações do Pe. Demant de que "o fato que torna a maioria de nossas teorias sobre a Igreja e o Estado irrelevantes é o domínio da política pela economia e pelas finanças; e isso é muito verdadeiro nos Estados democráticos. A subserviência da política à plutocracia é o fato principal acerca do confronto entre Estado e Igreja de hoje".

O Pe. Demant está preocupado com a reforma dessa situação, em uma sociedade secular; e com a posição correta da Igreja em uma sociedade secular. A menos, porém, que eu o tenha compreendido mal, ele parece-me tomar essa secularização como dada. Supondo que nossa sociedade atual é neutra, e não anticristã, estou preocupado com a investigação acerca de como ela seria se tomasse a direção do cristianismo.

interesse primário é em uma mudança em nossa atitude social, uma tal mudança que apenas faria emergir algo digno de ser chamado de uma sociedade cristã. Estou certo de que tal mudança acarretaria transformações em nossa organização da indústria, do comércio e do crédito financeiro; que ela facilitaria, onde hoje impede, a vida de devoção para aqueles que são capazes dela. Meu ponto de partida, no entanto, é diferente daqueles dos sociólogos e economistas, embora eu dependa deles para esclarecimento, e um teste de minha sociedade cristã seria que ela viesse a produzir reformas tais como aquelas por eles propostas; e embora o tipo de "mudança de espírito" que pode justificar-se apenas por meio de nada melhor que um novo vocabulário de retomada seja um perigo ao qual devemos estar sempre atentos.

Meu assunto toca também naquele de outra classe de escritor cristão: a dos polemistas eclesiásticos. O tema da Igreja e do Estado não é, novamente, minha preocupação fundamental. Não se trata, salvo por momentos que se prestam à exploração dos jornais, de um assunto em que o público geral tem muito interesse; e nos momentos em que o interesse do público aparece, tal público nunca está bem informado o suficiente para ter direito a uma opinião. Meu assunto é preliminar ao problema da Igreja e do Estado: ele envolve esse problema em seus termos mais amplos e em seu interesse mais geral. Uma atitude comum é tomar como dado o Estado existente, e perguntar: "Que Igreja?". Porém, antes de considerarmos qual deveria ser a relação entre Igreja e Estado, deveríamos primeiro perguntar: "Que Estado?". Existe algum sentido em que podemos falar de um "Estado cristão", qualquer sentido em que o Estado possa ser considerado cristão? Pois mesmo se a natureza do Estado for tal que não possamos falar dele em sua ideia nem como cristão, nem como não cristão, ainda assim é óbvio que Estados reais podem variar em uma extensão tal que a relação da Igreja com o Estado pode ser qualquer coisa entre a hostilidade declarada e uma cooperação mais ou menos harmoniosa de diferentes instituições na mesma sociedade. O que quero dizer com o Estado cristão não é qualquer forma política particular, mas qualquer Estado adequado a uma sociedade cristã, qualquer Estado que uma sociedade cristã em particular desenvolva para si. Existem muitos cristãos, eu sei, que não é necessária uma Igreja em relação ao Estado para se ter uma sociedade cristã; e terei de apresentar razões, nas próximas páginas, para acreditar nessa necessidade. O ponto a ser provado neste estágio é que nem os clássicos tratados ingleses sobre a Igreja e o Estado, nem a discussão contemporânea sobre o assunto oferecem-me o auxílio de que necessito. Pois os tratados mais antigos, e de fato todos até o presente, presumem a existência de uma sociedade cristã; os escritores modernos por vezes assumem que o que temos é uma sociedade pagã: e são precisamente tais suposições que desejo questionar.

Sua opinião sobre o que pode ser feito por esse país no futuro e incidentalmente sua opinião sobre quais devem ser as relações entre Igreja e Estado dependerão da visão que você adota da situação contemporânea. Podemos distinguir três pontos históricos positivos: aquele em que os cristãos são uma nova minoria em uma sociedade de tradição pagã positiva – uma posição que não pode surgir novamente em qualquer futuro com que estejamos preocupados; o ponto em que toda a sociedade pode ser chamada de cristã, quer em um conjunto ou em um estágio anterior ou subsequente de divisão em seitas; e finalmente o ponto em que os cristãos praticantes devem ser reconhecidos como uma minoria (quer estática ou decrescente) em uma sociedade que deixou de ser cristã. Teremos alcançado o terceiro ponto? Observadores diferentes farão relatos diferentes; eu ressaltaria, porém, que há dois pontos de vista para dois contextos. O primeiro é o de que a sociedade deixou de ser cristã quando as práticas religiosas foram abandonadas, quando o comportamento deixou de ser regulado por referência ao princípio cristão e quando, na prática, a prosperidade neste mundo para o indivíduo ou para o grupo se tornou seu único objetivo consciente. O outro ponto de vista, que não é tão prontamente compreendido, é o de que uma sociedade não deixou de ser cristã até que tenha se tornado algo positivamente diferente. Minha alegação é que temos hoje uma cultura que é, sobretudo, negativa, porém que, lá onde ainda é positiva, ainda é cristã. Não creio que ela possa permanecer negativa, porque uma cultura negativa deixou de ser eficiente em um mundo em que as forças tanto econômicas quanto espirituais provam a eficiência de culturas que, mesmo quando pagãs, são positivas; e creio que a escolha à nossa frente é entre a formação de uma nova cultura cristã e a aceitação de uma cultura pagã. Ambas envolvem mudanças radicais; creio, porém, que a maioria de nós, se pudéssemos nos defrontar imediatamente com todas as mudanças que só serão alcançadas daqui a muitas gerações, preferiria o cristianismo.

Não espero que todos concordem que a organização e o temperamento presentes de nossa sociedade – que se mostrou, à sua própria maneira, altamente bem-sucedido durante o século XIX – são "negativos": muitos sustentarão que a civilização britânica, francesa e americana ainda representa integralmente algo positivo. E há outros que insistirão que se nossa cultura é negativa, então uma cultura negativa é a coisa certa a se ter. Há dois argumentos distintos a serem empregados em respostas: um é o argumento de princípio, aquele segundo o qual tal cultura é indesejável; o outro, um julgamento do fato de que ela deve desaparecer de qualquer forma. Os defensores da ordem presente não conseguem perceber nem o quanto ela é vestigial de um cristianismo positivo, nem o quanto ela já avançou em direção a algo diferente dele.

Há uma classe de pessoas para as quais falamos com dificuldade, e outra para as quais falamos em vão. A segunda, mais numerosa e obstinada do que pode parecer à primeira vista – pois representa um estado de espírito ao qual todos tendemos por conta de uma natural indolência –, é constituída por aquelas pessoas que não podem crer que as coisas possam algum dia ser muito diferentes daquilo que são no momento. De tempos em tempos, sob a influência talvez de algum escritor ou locutor persuasivo, elas podem ter um instante de inquietude ou de esperança; uma invencível preguiça da imaginação, contudo, faz com que elas continuem se comportando como se nada jamais fosse mudar. Aqueles para quem falamos com dificuldade, porém talvez não em vão, são as pessoas que acreditam que grandes mudanças devem vir, porém não estão certas quer do que é inevitável, quer do que é provável, quer do que é desejável.

O que o mundo ocidental tem defendido – e com isso refiro-me aos termos aos quais ele atribuiu santidade – é o "liberalismo" e a "democracia". Os dois termos não são idênticos ou inseparáveis. O termo "liberalismo" é o mais obviamente ambíguo, e agora já não tem tanta estima; porém o termo "democracia" está no auge de sua popularidade. Quando um termo passa a ser tão universalmente santificado quanto "democracia" agora o é, começo a imaginar se ele significa alguma coisa, já que significa tantas: talvez ele tenha chegado à posição de um imperador merovíngio, e onde quer que seja invocado, começa-se a buscar o Mordomo do Paço. Algumas pessoas chegaram a afirmar, como algo autoevidente, que a democracia é o único regime compatível com o cristianismo; por outro lado, a palavra não é abandonada por simpatizantes do governo da Alemanha. Se alguém jamais atacou a democracia, eu gostaria de descobrir o que a palavra significava. Certamente há um sentido em que a Grã-Bretanha e a América são mais democráticas do que a Alemanha; mas por outro lado, defensores dos sistemas totalitários podem perfeitamente apresentar um caso em defesa da tese de que o que temos não é uma democracia, mas sim uma oligarquia financeira.

O Sr. Christopher Dawson considera que "o que os Estados não ditatoriais representam hoje não é o liberalismo, mas sim a democracia", e segue prevendo o advento, nesses Estados, de uma espécie de democracia totalitária. Concordo com sua previsão; contudo, se se considera não simplesmente os Estados não ditatoriais, mas antes as sociedades às quais eles pertencem, sua afirmação não faz justiça à extensão em que o liberalismo ainda permeia nossas mentes e afeta nossa atitude com relação à boa parte de nossas vidas. Que o liberalismo pode ser uma tendência em direção a algo muito diferente de si mesmo é uma possibilidade que está em sua natureza. Pois trata-se de algo que tende a liberar energia em vez de a acumular; a relaxar, em vez de reforçar. Trata-se de um movimento definido não propriamente por seu fim, antes por seu ponto de partida; que se afasta, em vez de se aproximar, de algo definido. Nosso ponto de partida é mais real para nós do que nosso destino; e o destino tende a apresentar, quando alcançado, um quadro muito diferente daquela vaga imagem formada pela imaginação. Destruindo hábitos sociais tradicionais das pessoas, dissolvendo sua consciência coletiva natural em componentes individuais, autorizando as opiniões dos mais tolos, substituindo instrução por educação, encorajando a esperteza no lugar da sabedoria, o arrivista e não o qualificado, alimentando uma noção de *ascensão* cuja alternativa é uma apatia desesperadora, o liberalismo pode abrir caminho para aquilo que é sua própria negação: controle artificial, mecanizado ou brutalizado, que é um remédio desesperado para seu caos.

Estou falando, evidentemente, do liberalismo em um sentido muito mais amplo do que é possível exemplificar inteiramente pela história de qualquer partido político, e da mesma forma em um sentido mais amplo do que qualquer um em que a expressão tenha sido usada em controvérsias eclesiásticas. É verdade, a tendência do liberalismo pode ser mais claramente ilustrada na história religiosa do que na política, em que o princípio está mais diluído pela necessidade, em que a observação se torna mais confusa por causa dos detalhes e é desviada por reformas, cada uma delas válida dentro de sua limitada referência. Em religião, o liberalismo pode ser caracterizado como um progressivo abandono dos elementos do cristianismo histórico que parecem ser supérfluos ou obsoletos, confundidos com práticas e abusos que são objetos legítimos de ataque. Como seu movimento, porém, é controlado mais por sua origem do que por qualquer objetivo, ele perde força depois de uma série de rejeições, e, sem nada para destruir, não lhe resta nada para defender ou lugar algum para ir. Não estou mais interessado no liberalismo religioso do que no liberalismo político, no entanto: estou interessado em um estado mental que, em certas circunstâncias, pode se tornar universal e infectar tanto oponentes quanto defensores. E terei me expressado muito mal se dei a impressão de que penso no liberalismo como algo a ser simplesmente rejeitado e extirpado, como um mal ao qual há uma alternativa simples. Ele é um elemento negativo necessário; tendo dito o que há de pior a seu respeito, isso resume-se ao seguinte: que um elemento negativo, criado para servir ao propósito de um positivo, é censurável. No sentido segundo o qual o liberalismo contrasta com o conservadorismo, ambos podem ser igualmente repulsivos: se o primeiro pode significar o caos, o segundo pode significar a fossilização. Estamos sempre defronte às perguntas "o que deve ser destruído?" e "o que deve ser preservado?", e nem o liberalismo, nem o conservadorismo, que não são filosofias e podem ser simples hábitos, são suficientes para nos guiar.

No século XIX, o Partido Liberal tinha seu próprio conservadorismo, o Partido Conservador, seu próprio liberalismo; nenhum deles tinha uma filosofia política. Ter uma filosofia política não é, de fato, a função de um partido político, isto é, de um partido parlamentar: um partido com uma filosofia política é um partido revolucionário. A política partidária não é o que me interessa. Tampouco estou interessado na política de um partido revolucionário. Se um partido revolucionário alcançar seu verdadeiro objetivo, sua filosofia política tornar-se-á, mediante um processo de crescimento, a filosofia política de toda uma cultura; se ele alcançar um objetivo mais superficial, ela tornar-se-á a filosofia política de uma classe ou de um grupo dominante em uma sociedade em que a maioria será passiva, e a minoria, oprimida. Porém, uma filosofia política não é apenas um sistema formalizado apresentado por um teórico. O valor permanente de tratados como a *Política* e a *Poética* de Aristóteles encontra-se no extremo oposto de tudo aquilo que podemos chamar de *doutrinário*. Assim como suas visões sobre a poesia dramática são derivadas de um estudo sobre as obras do teatro ático então existentes, também sua teoria política fundava-se sobre uma percepção dos objetivos inconscientes implícitos na democracia ateniense em sua melhor forma. Suas limitações são a condição de sua universalidade; e em vez de teorias engenhosas tiradas da própria cabeça, ele escreveu estudos repletos de sabedoria universal. Portanto, o que quero dizer com uma filosofia política não é simplesmente a formulação consciente dos objetivos ideais de um povo, mas o substrato do temperamento coletivo, formas de comportamento e valores inconscientes que fornecem material para a formulação. O que estamos buscando não é um programa para um partido, mas um modo de vida para um povo: é isso o que o totalitarismo procurou em parte reviver e, em parte, impor a seus povos. Nossa escolha, agora, não é entre uma ou outra forma abstrata, mas entre uma cultura pagã, e necessariamente atrofiada, ou uma cultura religiosa, e necessariamente imperfeita.

As atitudes e crenças do liberalismo estão destinadas a desaparecer, já estão desaparecendo. Elas pertencem a uma era de livre exploração que já passou; e nosso risco agora é que o termo venha a significar para nós apenas a desordem dos frutos que herdamos, e não o valor permanente do elemento negativo. Do liberalismo em si surgiram filosofias que o negam. Não procedemos do liberalismo para seu aparente fim, a saber, uma democracia autoritária, para um compasso uniforme em todos os aspectos. São tantos os centros de tal liberalismo – a Grã-Bretanha, a França, a América e as colônias – que o desenvolvimento da sociedade ocidental deve proceder mais vagarosamente do que o de um corpo compacto como a Alemanha; além do que, suas tendências são menos aparentes. Ademais, aqueles indivíduos mais convencidos da necessidade do *étatisme* como uma forma de controle de algumas atividades da vida podem ser os mais ruidosos professores do libertarianismo nas outras, e insistir na conservação da "vida privada", em que cada homem pode obedecer a suas próprias convicções ou seguir seus próprios caprichos – embora imperceptivelmente tal domínio da "vida privada" torne-se cada vez menor, podendo por fim desaparecer de todo. É possível que uma onda de terror às consequências do despovoamento possa fazer com que a legislação tenha o efeito de reprodução compulsória.

Se, então, o liberalismo está desaparecendo da filosofia de vida de um povo, o que permanece de positivo? Resta-nos apenas o termo "democracia", um termo que, para a presente geração, ainda tem uma conotação liberal de "liberdade". Porém, o totalitarismo pode manter os termos "liberdade" e "democracia" e dar a eles seu próprio significado,[3] e o seu direito a tais palavras não é tão facilmente refutado quanto supõem os espíritos inflamados pela paixão. Corremos o risco de descobrir que não nos resta nada a defender, à exceção de um desagrado por tudo que é defendido pela Alemanha e/ou pela Rússia: um desagrado que, sendo um composto de sensações midiáticas e preconceito, pode ter dois resultados simultâneos que parecem, à primeira vista, incompatíveis. Pode nos levar a rejeitar possíveis melhoramentos, porque os deveríamos ao exemplo de um desses países, se não de ambos; assim como pode igualmente fazer com que nos tornemos meros imitadores *à rebours*,[4] levando-nos a adotar indiscriminadamente quase qualquer atitude que uma nação estrangeira rejeita.

---

[3] Foi publicada no *Times* (24 de abril de 1939) uma carta do general J. F. C. Fuller, que, como o *Times* havia afirmado previamente, era um dos dois visitantes britânicos convidados para as festividades do aniversário de Herr Hitler. O general Fuller afima ser "um firme adepto da democracia de Mazzini, porque coloca o dever para com a nação antes dos direitos individuais". O general Fuller declara-se um "fascista britânico", e acredita que a Grã-Bretanha "deve nadar com a correnteza transbordante dessa grande mudança política" (isto é, para um sistema de governo fascista).
Do meu ponto de vista, o general Fuller tem tanto direito de se declarar um "adepto da democracia" quanto qualquer outra pessoa.

[4] Uma coluna do *Evening Standard* de 10 de maio de 1939, intitulada *Doutrina do "De Volta à Cozinha" Denunciada*, fazia um relato da conferência anual da Civil Service Clerical Association.

Vivemos atualmente uma espécie de calmaria entre dois furacões doutrinários opostos, em um período em que uma filosofia política perdeu sua capacidade cogente em matéria de comportamento, embora ainda seja a única que pode ser enquadrada no discurso público. Isso é muito ruim para a língua inglesa; é essa desordem (pela qual somos todos culpados), e não a insinceridade individual, que é responsável pela vacuidade das declarações políticas e eclesiásticas. Basta que se examine a massa das matérias principais de um jornal, a massa das exortações políticas, para apreciar o fato de que a boa prosa não pode ser escrita por um povo sem convicções. A objeção principal à doutrina fascista,[5] aquela que escondemos de nós mesmos porque pode nos condenar igualmente, é que ela é pagã. Há outras objeções também, na esfera política e econômica, porém elas não são objeções que possamos fazer com dignidade até que ponhamos nossas próprias questões em ordem. Há ainda outras objeções, à opressão, à violência e à crueldade, porém não importa quão profundamente possamos sentir, essas são objeções a meios, e não a fins. É verdade que algumas

"A Srta. Bower, do Ministério dos Transportes, que propôs que a associação tomasse providências para obter a remoção do banimento (isto é, das funcionárias públicas casadas), disse que seria sensato abolir uma instituição que incorporava um dos principais pressupostos do credo nazista – a relegação das mulheres à esfera da cozinha, das crianças e da Igreja."
O relato, em seu resumo, pode não fazer justiça à Srta. Bower, porém não creio estar sendo injusto com a reportagem ao considerar equivocada a implicação de que o que é nazista é errado, e não precisa ser discutido por seus próprios méritos. Incidentalmente, o termo "relegação das mulheres" contamina a questão. Não se poderia sugerir que a cozinha, as crianças e a Igreja exerçam um forte apelo às mulheres? Ou que nenhuma mulher casada normal preferiria ser uma assalariada se estivesse a seu alcance escolher? O que é miserável é um sistema que torna a dupla jornada necessária.

[5] Refiro-me apenas às doutrinas que afirmam a autoridade absoluta do Estado ou a infalibilidade de um governante. "O Estado corporativo", recomendado pelo *Quadragesimo Anno*, não está em questão. A organização econômica dos Estados totalitários não está em questão. Uma pessoa comum não faz objeções ao fascismo porque ele é pagão, mas porque ele é temeroso à autoridade, mesmo quando é pagão.

vezes usamos a palavra "pagã", e no mesmo contexto referimo-nos a nós mesmos como "cristãos". Porém sempre evitamos a verdadeira questão. Nossos jornais fizeram tudo o que podiam com o desviante tema da "religião nacional alemã",[6] uma excentricidade que, afinal,

---

[6] Não posso ter a inteligência dos alemães em tão baixa conta a ponto de aceitar quaisquer histórias sobre o ressurgimento de cultos pré-cristãos. Posso, no entanto, acreditar que o tipo de religião exposto pelo professor Wilhelm Hauer de fato existe – e sinto muitíssimo por acreditar nisso. Fio-me no ensaio que foi contribuição do Dr. Hauer para um livro muito interessante, *German's New Religion* (Allen and Unwin, 1937), em que o luteranismo ortodoxo é defendido por Karl Heim, e o catolicismo, por Karl Adam. A religião de Hauer é deísta, declarando "adorar um Deus mais do que humano". Ele acredita se tratar de "uma erupção das profundezas biológicas e espirituais da nação germânica", e a menos que se esteja preparado para negar que a nação germânica possui tais profundezas, não vejo como tal afirmação possa ser ridicularizada. Ele acredita que "cada nova era deve moldar suas próprias formas religiosas" – infelizmente, muita gente em países anglo-saxões sustenta a mesma crença. Ele professa ser particularmente um discípulo de Eckhart; e acredite-se ou não que as doutrinas condenadas pela Igreja eram o que Eckhart se esforçava por propagar, certamente é a doutrina condenada que Hauer defende. Ele considera que a "revolta dos alemães contra o cristianismo alcançou seu ponto culminante em Nietzsche": muitas pessoas não limitariam tal revolta aos alemães. Ele advoga tolerância. Ele se opõe ao cristianismo porque "o cristianismo reivindica possuir a verdade absoluta, e tal reivindicação está associada à ideia de que os homens só podem alcançar a salvação de um modo, através de Cristo, e que ele deve mandar para as fogueiras aqueles cuja fé e cuja vida não estão conforme, ou rezar por eles até que abandonem o engano de suas maneiras pelo reino de Deus". Milhares de pessoas nos países ocidentais concordariam com essa atitude. Ele se opõe à religião sacramental, pois "todo aquele que tem uma relação imediata com Deus é, com efeito, nas profundezas de seu coração, alguém com o eterno Fundamento do mundo". A fé não vem da revelação, mas da "experiência pessoal". Ele não está interessado na "massa de intelectuais", mas na "multidão de pessoas comuns" que estão buscando a "Vida". "Acreditamos", diz ele, "que Deus deixou uma enorme tarefa à nossa nação, e que ele se revelou, portanto, especialmente em sua história, e continuará a fazê-lo." Para os meus ouvidos, tais frases não soam de todo estranhas. Hauer acredita também em algo muito popular neste país, a religião do céu azul, da grama e das flores. Ele acredita que Jesus (ainda que fosse inteiramente semita de ambos os lados) é uma das "grandes figuras que se elevam sobre os séculos".

não é mais estranha do que alguns cultos mantidos em países anglo-saxões: essa "religião nacional alemã" é reconfortante por nos persuadir de que *nós* temos uma civilização cristã; ela ajuda a disfarçar o fato de que nossos objetivos, assim como os da Alemanha, são materialistas. E a última coisa que gostaríamos de fazer seria examinar o "cristianismo" que, em contextos como esse, dizemos preservar.

Se chegamos ao ponto de aceitar a crença segundo a qual a única alternativa a uma progressiva e insidiosa adaptação ao mundanismo totalitário para o qual já rumamos é nos dirigirmos à sociedade cristã, precisamos considerar tanto que tipo de sociedade temos atualmente quanto como seria uma sociedade cristã. Deveríamos também estar muito seguros do que queremos: se seus ideais são aqueles de uma eficiência materialista, então quanto mais cedo você conhecer a si mesmo e encarar as consequências, melhor. Não estou aqui tentando converter aqueles que, complacente ou desesperadamente, supõem que o objetivo da cristianização é quimérico. Não há nada a dizer àqueles que percebem o que uma sociedade pagã bem organizada significaria para nós. É bom lembrar, porém, que a imposição de uma teoria pagã do Estado não significa necessariamente uma sociedade inteiramente pagã. Um meio-termo entre a teoria do Estado e a tradição da sociedade existe na Itália, por exemplo, um país que ainda é predominantemente rural e católico. Quanto mais altamente industrializado o país, mais facilmente uma filosofia materialista florescerá nele, e mais fatal será essa filosofia. A Grã-Bretanha tem sido altamente industrializada por mais tempo do que qualquer outro país. E a tendência do industrialismo irrestrito é criar conjuntos de homens

---

Citei tantas passagens para deixar que o professor Hauer declarasse ele mesmo o que é: o produto final do Protestantismo Liberal Alemão, um unitarista nacionalista. Traduzindo em termos ingleses, pode-se fazer com que ele pareça simplesmente um patriota modernista. A Religião Nacional Alemã, tal como Hauer a expõe, revela-se algo com que já estamos familiarizados. Portanto, se a Religião Alemã é também sua religião, quanto mais cedo você perceber tal fato, melhor.

e mulheres – de todas as classes – desligados da tradição, alienados da religião e suscetíveis à instigação das massas: em outras palavras, uma turba. E uma turba não deixará de ser uma turba por estar bem vestida, bem alimentada, bem abrigada e bem disciplinada.

A noção liberal de que a religião era uma questão de crença privada e da conduta na vida privada, e de que não há razão alguma para que os cristãos não se acomodassem a qualquer mundo que os tratasse com afabilidade, torna-se a cada vez menos sustentável. Essa noção teria de ser aceita gradualmente, como uma falsa inferência da subdivisão do cristianismo inglês em seitas, e o feliz resultado da tolerância universal. A razão pela qual membros de diferentes comunhões têm sido capazes de avançar juntos é que na maior parte dos assuntos cotidianos eles compartilham as mesmas concepções em matéria de comportamento. Naquilo que estiveram errados, estiveram errados juntos. Temos menos desculpas do que nossos ancestrais para uma conduta não cristã, porque o crescimento de uma sociedade não cristã ao nosso redor, sua intromissão mais óbvia em nossas vidas, tem derrubado a confortável distinção entre moralidade pública e privada. O problema de levar uma vida cristã em uma sociedade não cristã faz-se agora muito presente para nós, e trata-se de um problema muito diferente daquele da acomodação entre uma Igreja Estabelecida e seus dissidentes. Não se trata apenas do problema de uma minoria em uma sociedade de *indivíduos* sustentando uma crença estranha. Trata-se do problema constituído por nossa implicação em uma rede de instituições da qual não podemos nos dissociar: instituições cuja operação já não parece ser neutra, mas sim não cristã. E quanto ao cristão que não está consciente de seu dilema – e ele é maioria –, torna-se cada vez mais descristianizado ante todo tipo de pressão inconsciente: o paganismo retém todos os mais valiosos espaços publicitários. Qualquer coisa como tradições cristãs transmitidas de geração para geração dentro da família deve desaparecer, e o reduzido conjunto de cristãos consistirá inteiramente de recrutas adultos. Não estou dizendo nada aqui que não tenha sido dito anteriormente por outras pessoas, porém são coisas relevantes. Não estou interessado no problema dos cristãos enquanto uma minoria perseguida. Quando o cristão é tratado como um inimigo do Estado, seu curso torna-se muito mais difícil, porém mais simples. Estou interessado nos perigos para as minorias toleradas; e no mundo moderno, ser tolerado pode se tornar o que há de mais intolerável para os cristãos.

Buscar tornar a perspectiva de uma sociedade cristã imediatamente atrativa para aqueles que não veem perspectiva alguma de extrair dela benefícios pessoais diretos seria despropositado; mesmo a maioria dos cristãos professos pode diminuir com isso. Não se pode fazer esquema algum para uma mudança na sociedade parecer imediatamente palatável, exceto por meio da falsificação, até que a sociedade esteja tão desesperada que ela aceitará qualquer mudança. Uma sociedade cristã somente torna-se aceitável depois de examinadas cuidadosamente as alternativas. Podemos, é claro, simplesmente mergulhar em um declínio apático: sem fé, e, portanto, sem fé em nós mesmos; sem uma filosofia de vida, seja cristã ou pagã; e sem arte. Ou podemos ficar com uma "democracia totalitária", diferente, porém com muito em comum com outras sociedades pagãs, porque teremos mudado, passo a passo, para acompanhá-las: um estado de coisas em que teremos arregimentação e conformidade, sem respeito pelas necessidades da alma individual; o puritanismo de uma moralidade higiênica[7] em nome da eficiência; uniformidade de opinião por meio da propaganda; e a arte encorajada apenas quando elogia as doutrinas oficiais da época. Para aqueles que podem imaginar, e, portanto, repudiam tal perspectiva, pode-se afirmar que a única possibilidade de controle e equilíbrio é aquela de um

---

[7] M. Denis de Rougemont, em seu notável livro *L'Amour et l'Occident*, apresenta uma sentença (p. 269) que nos é pertinente: "*L'anarchie des moeurs et l'hygiène autoritaire agissent à peu près dans le même sens: elles déçoivent le besoin de passion, héréditaire ou acquis par la culture; elles détendent ses ressorts intimes et personnels*" ["A anarquia dos costumes e a higiene autoritária agem mais ou menos no mesmo sentido: elas decepcionam a necessidade de paixão, herdada ou adquirida pela cultura; elas relaxam suas fontes íntimas e pessoais"].

controle e de um equilíbrio religioso; que a única direção promissora para uma sociedade que prosperaria e continuaria sua atividade criativa nas artes da civilização é a de se tornar cristã. Tal perspectiva envolve, no mínimo, disciplina, inconveniência e desconforto: mas tanto hoje quanto amanhã a alternativa ao inferno é o purgatório.

II

Minha tese tem sido, simplesmente, a de que uma condição liberalizada ou negativa da sociedade deve ou bem progredir para um gradual declínio cujo fim não conseguimos vislumbrar, ou bem (quer como um resultado catastrófico, quer não) reformar-se, adotando uma forma positiva que tende a ser efetivamente secular. Não precisamos supor que tal secularismo chegará muito próximo de qualquer sistema do passado ou de qualquer um que possa ser observado atualmente para que seja representativo deles: os anglo-saxões demonstram uma capacidade para *diluir* sua religião, provavelmente em excesso em comparação à de qualquer outra raça. Porém, a menos que estejamos contentes com o prospecto de uma ou outra dessas questões, a única possibilidade restante é a de uma sociedade cristã positiva. Essa terceira alternativa há de se sugerir apenas àqueles que estão de acordo em sua visão da presente situação e que podem perceber que um secularismo extremo seria condenável, em suas consequências, mesmo para aqueles que não associam qualquer importância positiva à sobrevivência do cristianismo em si mesma.[8]

---

[8] Pode ser oportuno, neste ponto, dizer alguma coisa sobre a atitude de uma sociedade cristã com relação ao pacifismo. Não estou preocupado com o pacifismo racionalista, ou com o pacifismo humanitário, mas com o pacifismo cristão – aquele que afirma que todo conflito é categoricamente proibido aos seguidores de Nosso Senhor. Esse pacifismo cristão absoluto deveria ser distinguido, ainda, de outro: aquele que afirma que apenas uma sociedade *cristã* é algo pelo que vale a pena lutar, e que uma determinada sociedade pode ser algo tão distante disto, ou ser tão positivamente anticristã, que cristão algum estará

Não estou investigando as possíveis linhas de ação por meio das quais tal sociedade cristã poderia ser estabelecida. Limitar-me-ei a um modesto esboço do que concebo como as características essenciais dessa sociedade, tendo em mente que ela não pode nem ser medieval em forma, nem ter como modelo o século XVII ou qualquer outra era passada. Em que sentido podemos falar de um "Estado Cristão", se é que podemos? Peço que me permitam usar as seguintes distinções operacionais: o Estado cristão, a comunidade cristã e a comunidade de cristãos,[9] como elementos da sociedade cristã.

---

justificado a, ou será perdoado por, lutar por ela. Com esse pacifismo cristão relativo não posso me preocupar, porque minha hipótese é a de uma sociedade cristã. Em tal sociedade, qual será o lugar do pacifista cristão?

Tal pessoa continuaria a existir, assim como as seitas e as excentricidades individuais provavelmente continuariam a existir; e seria o dever do cristão que não fosse um pacifista tratar o pacifista com consideração e respeito. Também seria o dever do Estado tratá-lo com consideração e respeito, assegurando-se de sua sinceridade. O homem que acredita que uma guerra em particular em que um país se propõe a se engajar é uma guerra agressiva, aquele que acredita que seu país poderia se recusar a tomar parte nela sem que seus interesses legítimos fossem postos em risco, e sem falhar em seu dever para com Deus e para com seus vizinhos, estaria errado em permanecer calado (a atitude do falecido Charles Eliot Norton com respeito à Guerra Hispano-Americana de 1898 é um exemplo). Contudo, não posso senão acreditar que o homem que sustenta que a guerra é errada em qualquer circunstância esteja, de alguma forma, repudiando uma obrigação para com a sociedade; e, na medida em que a sociedade é uma sociedade cristã, a obrigação é muito mais séria. Mesmo se cada guerra em particular provar-se injustificada, ainda assim a ideia de uma sociedade cristã parece incompatível com a ideia de um pacifismo absoluto; pois o pacifismo somente pode continuar a florescer enquanto a maioria das pessoas que constituem uma sociedade não for pacifista; assim como o sectarismo apenas pode florescer contra um cenário de ortodoxia. A noção de responsabilidade comunal, da responsabilidade de cada indivíduo pelos pecados da sociedade a que pertence, é tal que precisa ser mais firmemente assimilada; e, se compartilho a culpa de minha sociedade em tempos de "paz", não vejo como posso ser absolvido dela em tempos de guerra ao me abster da ação comum.

[9] O termo "comunidade de cristãos" talvez esteja aberto a objeções. Não quis empregar o termo *clerisy*, a "camada dos intelectuais", de Coleridge, e alterar seu significado, porém suponho que o leitor esteja familiarizado com

Compreendo, então, o Estado cristão como sendo a sociedade cristã sob o aspecto da legislação, administração pública, tradição legal, bem como sob o aspecto da forma. Observe-se que, neste ponto, não me aproximo do problema da Igreja e do Estado a não ser com a seguinte questão: com que tipo de Estado pode a Igreja manter relação? Com isso refiro-me a uma relação do tipo que tem até agora existido na Inglaterra; que não é nem de mera tolerância recíproca, nem de concordata. A última parece-me simplesmente uma espécie de acordo comum, de durabilidade duvidosa, apoiando-se sobre uma divisão de autoridade dúbia e, frequentemente, sobre uma divisão da lealdade popular; um acordo que implica talvez esperança, por parte dos governantes do Estado, de que seu governo sobreviva ao cristianismo, e uma fé, por parte da Igreja, de que ela sobreviverá a qualquer forma particular de organização secular. Uma relação entre Igreja e Estado tal como está, creio eu, implícito em nosso uso do termo implica que o Estado seja, em algum sentido, cristão. Deve ficar claro que não quero dizer, com um Estado cristão, aquele em que os governantes são escolhidos por suas qualificações, muito menos por sua eminência, enquanto cristãos. Um regimento de santos pode ser demasiado inquietante para durar. Não nego que algumas vantagens

---

"clerisy" em seu *Church and State*, e com o uso que o Sr. Middleton Murry faz da mesma palavra. Talvez o termo "comunidade de cristãos" possa ter uma conotação de algum tipo de *chapelle* esotérica ou de fraternidade dos autonomeados, porém espero que o que é dito mais tarde neste capítulo possa evitar tal inferência. Quis evitar a ênfase excessiva em funções nominais, como me parecia que a "*clerisy*" de Coleridge talvez tendesse a se tornar simplesmente uma *casta* brâmane.

Devo acrescentar, como nota sobre o uso da frase "dons intelectuais e/ou espirituais superiores" que a posse de dons intelectuais ou espirituais não confere necessariamente aquela compreensão intelectual das questões espirituais aqui requerida. Tampouco é a pessoa que possui essa qualificação necessariamente um "cristão melhor" em sua vida privada do que o homem cuja percepção é menos profunda; tampouco está ele necessariamente isento de erros de doutrina. Prefiro que a definição seja, provisoriamente, demasiado abrangente a demasiado estreita.

podem advir do fato de as pessoas ocupando cargos de autoridade, em um Estado cristão, serem cristãs. Mesmo nas condições presentes, isso por vezes ocorre; porém ainda que, nas condições presentes, *todas* as pessoas em posições da mais alta autoridade fossem cristãos devotos e ortodoxos, não deveríamos esperar ver muita diferença na condução dos negócios. O cristão e o descrente não se comportam, nem poderiam se comportar, muito diferentemente no exercício do poder; pois o que determina o comportamento dos políticos é o *ethos* geral das pessoas que eles têm de governar, não sua própria devoção. Pode-se até aceitar a afirmação de F. S. Oliver – que ecoava Buelow, que ecoava Disraeli – de que os verdadeiros estadistas não se inspiram em nada mais do que seu instinto por poder e seu amor pelo país. Não é fundamentalmente o cristianismo dos estadistas que importa, mas sim que eles estejam limitados, pelo temperamento e pelas tradições do povo que eles governam, a uma estrutura cristã dentro da qual eles venham a realizar suas ambições e a fazer avançar a prosperidade e o prestígio de seu país. Eles podem frequentemente levar a cabo atos não cristãos; não devem jamais tentar defender suas ações com base em princípios não cristãos.

Os governantes e aspirantes a governantes dos Estados modernos podem ser divididos em três tipos, em uma classificação que ultrapassa as fronteiras do fascismo, do comunismo e da democracia. Há aqueles que adotaram ou adaptaram alguma filosofia, desde Marx até Aquino. Há aqueles que, combinando invenção com ecletismo, formularam sua própria filosofia – que em geral não se distingue nem pela profundidade, nem pela consistência que se espera de uma filosofia de vida –, e há aqueles que perseguem suas missões sem parecer ter qualquer filosofia. Não devo esperar que os governantes de um Estado cristão sejam filósofos, ou que sejam capazes de manter em suas mentes em todo o momento de decisão a máxima segundo a qual a vida virtuosa é o propósito da sociedade humana – *virtuosa... vita est congregationis humanae finis*; porém, eles não seriam nem autodidatas, nem teriam se submetido, em sua juventude, apenas àquele sistema de instrução mesclada ou especializada que hoje passa por educação: eles teriam recebido uma educação cristã. O propósito de uma educação cristã não seria apenas o de tornar homens e mulheres cristãos devotos: um sistema que mirasse demasiado rigidamente nesse único fim tornar-se-ia apenas obscurantista. Uma educação cristã treinaria as pessoas principalmente para que fossem capazes de pensar em categorias cristãs, embora ela não possa forçar a crença, e não imporia a necessidade de uma profissão de crença insincera. Aquilo em que os governantes acreditam seria menos importante do que as crenças a que eles foram obrigados a se adequar. E um estadista cético ou indiferente, trabalhando dentro de uma estrutura cristã, poderia ser mais efetivo do que um estadista devoto obrigado a se adequar a uma estrutura secular. Pois ele teria de projetar suas políticas para o governo de uma sociedade cristã.

A relação entre Estado cristão, comunidade cristã e comunidade de cristãos pode ser vista em conexão com o problema da *crença*. Entre os homens de Estado, ter-se-ia, no mínimo, uma conformidade consciente no comportamento. Na comunidade cristã que eles governariam, a fé cristã seria arraigada, porém o requerimento mínimo para tal é apenas um comportamento amplamente inconsciente; e é apenas do número muito menor de seres humanos conscientes, a comunidade de Cristãos, que se esperaria uma vida cristã consciente em seu mais elevado nível social.

Para a grande massa da humanidade, cuja atenção é ocupada sobretudo por suas relações diretas ou com o solo, ou com o mar, ou com a máquina, e, para um pequeno número de pessoas, por prazeres e deveres, duas condições são necessárias. A primeira é que, como sua capacidade de *pensar* sobre os objetos de fé é reduzida, seu cristianismo pode ser quase inteiramente realizado em seu comportamento: tanto em suas observâncias religiosas costumeiras e periódicas quanto em um código tradicional de comportamento com relação a seus vizinhos. A segunda é que, embora tenham alguma percepção acerca do quanto suas vidas estão aquém dos ideais cristãos, suas vidas social e religiosa constituem para eles um todo natural, de forma que a dificuldade de se comportar como cristãos não lhes imponha uma pressão intolerável. Essas duas condições são na verdade a mesma, expressa diferentemente; elas estão longe de ser alcançadas hoje.

A unidade tradicional da Comunidade Cristã na Inglaterra é a paróquia. Não estou interessado aqui no problema de quão radicalmente esse sistema deve ser modificado para se ajustar a um futuro estado de coisas. A paróquia certamente está em decadência, por inúmeras causas, entre as quais a menos cogente é a divisão em seitas: uma razão muito mais importante é a urbanização – em que incluo também a *sub*urbanização, e todas as causas e efeitos da urbanização. Até que ponto a paróquia deverá ser substituída dependerá largamente de nossa visão da necessidade de aceitar as causas que tendem a destruí-la. Em todo caso, a paróquia servirá ao meu propósito como exemplo de unidade comunitária. Pois essa unidade não deve ser unicamente religiosa, nem unicamente social; tampouco deve o indivíduo ser um membro de duas unidades separadas, ou mesmo sobrepostas, uma religiosa e outra social. A comunidade unitária deve ser sociorreligiosa, e deve ser tal que todas as classes, se classes houver, tenham nela seu centro de interesse. Esse é o estado de coisas que já não se realiza inteiramente, a não ser em tribos muitíssimo primitivas.

É fruto de preocupação não apenas neste país, mas foi mencionado com preocupação pelo falecido sumo pontífice,[10] falando não de um país, mas de todas as nações civilizadas, que a massa das pessoas vem se tornando cada vez mais alienada do cristianismo. Em uma sociedade industrializada como a da Inglaterra, não me surpreende que o povo retenha tão pouco do cristianismo. Para a grande maioria das

---

[10] Trata-se do Papa Pio XI (Ambrogio Damiano Achille Ratti), falecido em 10 de fevereiro de 1939, poucos dias antes da realização dessa conferência de Eliot. (N. T.)

pessoas – e não estou pensando nas classes sociais, mas nos estratos intelectuais –, a religião deve ser fundamentalmente uma questão de comportamento e de hábito, deve estar integrada com sua vida social, com seus negócios e com seus prazeres; e as emoções especificamente religiosas devem ser uma espécie de extensão e de santificação das emoções domésticas e sociais. Mesmo para o indivíduo mais altamente desenvolvido e consciente que vive neste mundo, uma direção de pensamento e sentimento conscientemente cristã só pode ocorrer em momentos particulares ao longo do dia e da semana, e esses momentos repetem-se em consequência de hábitos formados; estar consciente, sem remissão, de uma alternativa cristã e de uma não cristã em momentos de escolha impõe uma enorme pressão. A massa da população, em uma sociedade cristã, não deveria ser exposta a um modo de vida em que há um conflito demasiado agudo e frequente entre o que é fácil para eles, ou o que ditam suas circunstâncias, e o que é cristão. A compulsão de viver de tal maneira que o comportamento cristão só é possível em um número restrito de situações é uma força muito poderosa atuando contra o cristianismo; pois o comportamento é tão poderoso ao afetar as crenças quanto as crenças o são ao afetar o comportamento.

Não quero aqui representar um quadro idílico da paróquia rural, quer no presente, quer no passado, ao tomar como norma e medida a ideia de um grupo pequeno e, em geral, autônomo, ligado à terra e com seus interesses centrados em um lugar específico, com uma espécie de unidade que pode ser projetada, porém que também tem de ser cultivada por gerações. Essa é a ideia, ou o ideal, de uma comunidade pequena o suficiente para consistir em um ponto de conexão de relações pessoais diretas, em que todas as iniquidades e torpezas tomarão a simples e facilmente identificável forma de relações erradas entre uma pessoa e outra. No presente, porém, nem sequer as menores comunidades, à exceção daquelas tão primitivas a ponto de apresentar características censuráveis de outro tipo, são assim tão simplificadas; e não estou advogando qualquer reversão completa a qualquer estado de coisas anterior, real ou idealizado. O exemplo parece não oferecer solução alguma para o problema da vida industrial, urbana e suburbana que é aquela da maioria da população. Em sua organização religiosa, podemos dizer que a cristandade manteve-se fixa no estado de desenvolvimento apropriado para uma simples sociedade agrícola e pesqueira, e que a moderna organização material – ou, se "organização" soa demasiadamente elogioso, podemos dizer "complicação" – produziu um mundo para o qual as formas sociais cristãs são imperfeitamente adaptadas. Mesmo se concordamos nesse ponto, há duas simplificações do problema que são suspeitas. Uma é insistir que a única salvação para a sociedade é voltar a um modo de vida mais simples, descartando todas as construções do mundo moderno de que podemos nos convencer a abrir mão. Essa é uma afirmação extrema da visão neorruskiniana, que foi vigorosamente proposta pelo falecido A. J. Penty. Quando se considera a enorme magnitude da determinação na estrutura social, essa política parece utópica: se tal modo de vida algum dia vier a se realizar, será – como bem pode ocorrer no longo prazo – por causas naturais, e não pelo desejo moral dos homens. A outra opção é aceitar o mundo moderno como é e simplesmente tentar adaptar os ideais sociais cristãos a ele. Esta última dissolve-se em uma mera doutrina da conveniência; e é uma capitulação da fé que o cristianismo em si possa ter qualquer papel na modelagem das formas sociais. E ela não requer uma atitude cristã para perceber que o moderno sistema social tem muito em si de inerentemente mau.

Chegamos agora a um ponto a partir do qual há uma direção que não me proponho a seguir; e por se tratar de uma direção óbvia e parecer para alguns o principal caminho, devo explicar o mais brevemente possível por que não me proponho a segui-la. Estamos acostumados a fazer a distinção (embora na prática frequentemente nos confundamos) entre o mal que está sempre presente na natureza humana e o mal em instituições particulares em lugares e épocas particulares, e que, embora seja possível atribuí-lo a alguns indivíduos e não a outros, ou rastreá-lo à cumulativa deflexão da vontade de muitos indivíduos ao longo de várias gerações, não pode, em momento algum, ser associado a indivíduos particulares. Se cometermos o erro de assumir que esse tipo de mal resulta de causas inteiramente além da vontade humana, então estaremos sujeitos a acreditar que apenas outras causas não humanas podem alterá-lo. Estaremos, porém, igualmente sujeitos a seguir outra linha de raciocínio e depositar todas as nossas esperanças na reposição de nossa maquinaria. Todavia, as linhas de pensamento, que estou apenas indicando, para a realização de uma sociedade cristã, devem nos levar inevitavelmente a encarar tais problemas como sendo a hipertrofia da motivação pelo lucro em um ideal social, a distinção entre o *uso* dos recursos naturais e sua exploração, o uso do trabalho e sua exploração, as vantagens injustamente acumuladas pelo comerciante em contraste com o produtor primário, a má orientação da máquina financeira, a iniquidade da usura, e outras características de uma sociedade comercializada que devem ser examinadas com base em princípios cristãos. Ignorando esses problemas, não estou me refugiando em uma mera admissão de incompetência, embora a suspeita de que eu seja incompetente possa agir contra a aceitação de qualquer observação que eu fizesse; tampouco estou simplesmente delegando-as às supostas autoridades técnicas, pois isso seria uma capitulação da primazia da ética. Meu ponto é que, embora em boa medida haja acordo quanto ao fato de que certas coisas são erradas, a questão de como elas devem ser corrigidas é tão extremamente controversa que qualquer proposta é imediatamente contrariada por uma dúzia de propostas diferentes; e nesse contexto, a atenção se concentraria nas imperfeições de minhas propostas, afastando-se da minha preocupação principal, o fim a ser atingido. Limito-me, portanto, à afirmação, que creio que poucos disputarão, de que boa parte da maquinaria da vida moderna é simplesmente uma sanção a objetivos que contrariam o cristianismo, de que ela não é apenas hostil à perseguição consciente da vida cristã neste mundo por alguns indivíduos, mas à manutenção de qualquer sociedade cristã *do* mundo. Devemos abandonar a noção de que o cristão deveria se contentar com a liberdade de culto e com o não sofrer quaisquer inabilidades jurídicas mundanas por conta de sua fé. Por mais fanática que essa declaração possa soar, o cristão não deve ficar satisfeito com nada menos do que uma organização cristã da sociedade – que não é o mesmo que uma sociedade consistindo exclusivamente em devotos cristãos. Tratar-se-ia de uma sociedade em que o fim natural do homem – a virtude e o bem-estar em comunidade – é reconhecido por todos, e o fim sobrenatural – a beatitude – por aqueles que têm olhos para vê-lo.

Não desejo, no entanto, abandonar meu ponto anterior, de que uma comunidade cristã é aquela em que há um código sociorreligioso único de comportamento. Não deveria ser necessário para o indivíduo comum ser inteiramente consciente de quais elementos são nitidamente religiosos e cristãos, e quais são simplesmente sociais e não requerem que a comunidade contenha mais "bons cristãos" do que se esperaria encontrar sob condições favoráveis. A vida religiosa do povo seria em grande medida uma questão de comportamento e conformidade; costumes sociais assumiriam sanções religiosas; haveria, sem dúvidas, muitos acréscimos, ênfases e observâncias locais irrelevantes – que, se fossem demasiado longe em excentricidade ou superstição, seria tarefa da Igreja corrigir, mas que, caso contrário, contribuiriam para a tenacidade e a coerência sociais. O modo de vida tradicional da comunidade não seria imposto por lei, o constrangimento externo nem sequer faria sentido, e não seria o resultado de uma simples soma de crença e sabedorias individuais.

Os governantes, afirmei, aceitarão o cristianismo, *qua* governantes, não apenas como sua própria fé e como guia para suas ações, mas como o sistema sob o qual eles devem governar. O povo irá aceitá-lo como uma questão de comportamento e de hábito. Na abstração que construí, está claro que a tendência do Estado é de uma conveniência que pode se tornar uma manipulação cínica, a tendência do povo à letargia intelectual e à superstição. Precisamos, portanto, do que chamei de "comunidade de cristãos", com o que me refiro não a grupos locais, e não à Igreja em qualquer sentido, a menos que a chamemos de "a Igreja dentro da Igreja". Esses serão os cristãos consciente e refletidamente praticantes, especialmente aqueles que apresentarem uma superioridade intelectual e espiritual. Logo será observado que essa categoria apresenta certa similaridade com o que Coleridge chamou de "*clerisy*", a classe dos intelectuais – um termo que foi recentemente ressuscitado, recebendo uma aplicação um pouco diferente, pelo Sr. Middleton Murry. Creio que minha "comunidade de cristãos" é algo diferente de ambos os usos do termo "*clerisy*". O conteúdo que Coleridge deu ao termo, certamente, foi um tanto esvaziado com o tempo. Lembremos que Coleridge incluiu na extensão do significado três classes: as universidades e grandes escolas do conhecimento, os párocos e os mestres-escolas locais. A concepção de Coleridge da função clerical e de sua relação com a educação se formou em um mundo que desde então foi estranhamente alterado: sua insistência de que os sacerdotes deveriam ser "via de regra, homens casados e chefes de família" e suas sombrias referências a um poder eclesiástico estrangeiro hoje soam simplesmente esquisitas; e ele falhou completamente em reconhecer o enorme valor que as ordens monásticas podem e devem ter na comunidade. O termo que eu uso deve ser ao mesmo tempo mais amplo e mais restrito. No campo da educação,[11] é óbvio que a

---

[11] Esta nota, assim como aquela sobre a "comunidade de cristãos", é fruto de um agudo comentário do irmão George Every, SSM, que foi gentil o bastante para ler este livro em prova. Aqueles que leram um artigo chamado "Modern Education and the Classics", escrito em um contexto diferente, e publicado em um volume intitulado *Essays Ancient and Modern*, podem supor que o que tenho em mente é simplesmente a "educação clássica" de épocas anteriores. O problema da educação é muito amplo para ser contemplado em um

conformidade à crença cristã e o domínio do conhecimento cristão já não podem ser tomados por certos; tampouco a supremacia do teólogo pode ser esperada ou imposta de alguma maneira. Em qualquer sociedade cristã futura que eu possa conceber, o sistema educacional será formado em consonância aos pressupostos cristãos acerca de qual é o propósito da educação – em oposição à mera instrução; mas o pessoal será inevitavelmente misturado: pode-se até esperar que a mistura seja um benefício para sua vitalidade intelectual. A mistura incluirá pessoas de excepcional habilidade que podem ser indiferentes ou descrentes; haverá espaço para uma proporção de outras pessoas professando crenças que não sejam o cristianismo. As limitações impostas sobre essas pessoas seriam similares àquelas impostas por necessidade social ao político que, sem ser capaz de crer na fé cristã, ainda assim tem talentos a oferecer ao serviço público de que seu país não poderia abrir mão.

Seria ainda mais imprudente de minha parte empreender uma crítica dos ideais de educação contemporâneos do que já é o aventurar-me a criticar a política; mas não é impertinente observar a íntima relação entre a teoria educacional e a teoria política. Seria de fato surpreendente encontrar os sistemas educacional e político de um país em completo desacordo; e o que eu disse sobre o caráter negativo de nossa filosofia política deveria sugerir uma crítica paralela de nossa educação, não

---

livro breve como este, e a questão do melhor currículo não é levantada aqui. Limito-me à afirmação de que o currículo mesclado não será suficiente, e que a educação deve ser algo mais do que a aquisição de informação, competência técnica ou cultura superficial. Ademais, não estou interessado aqui naquilo que deve ocupar a mente de qualquer pessoa que aborde o assunto da educação diretamente – a questão do que deve ser feito *agora*. O ponto sobre o qual todos aqueles que estão insatisfeitos com a educação contemporânea podem concordar é a necessidade de valores e critérios. É necessário, contudo, começar expulsando de nossa mente todo mero preconceito ou sentimento em favor de qualquer sistema de educação anterior e reconhecendo as diferenças entre a sociedade para a qual temos de legislar e qualquer forma de sociedade que conhecemos no passado.

como a vemos na prática aqui ou ali, mas nas suposições sobre a natureza e o propósito da educação que tendem a afetar sua prática por todo o país. E não preciso lembrá-los de que um governo totalitário pagão dificilmente está propenso a permitir que a educação cuide de si mesma, ou a se privar de interferir nos métodos tradicionais das mais antigas instituições: estamos muito cientes de alguns dos resultados de tal interferência nas áreas mais irrelevantes no exterior. Há uma tendência, em todos os lugares, para que as circunstâncias pressionem a adaptar ideais educacionais a ideais políticos, e em ambas as esferas temos apenas de escolher entre um maior ou menor grau de racionalização. Em uma sociedade cristã, a educação deve ser religiosa, não no sentido de que ela será administrada por eclesiásticos, menos ainda no sentido de que ela exercerá pressão, ou tentará instruir a todos em teologia, mas no sentido de que seus objetivos serão dirigidos a uma filosofia de vida cristã. "Educação" não mais será simplesmente um termo abrangendo uma variedade de matérias não relacionadas empreendido por propósitos especiais ou sem propósito algum.

Minha comunidade de cristãos, então, em contraste com a "*clerisy*", a "classe dos intelectuais" de Coleridge, dificilmente poderia incluir a totalidade do corpo docente. Por outro lado, ela incluiria, além de uma grande quantidade dos leigos engajados em ocupações as mais diversas, muitos do – mas não todo o – clero. Um clero nacional deve, é claro, incluir sacerdotes de diferentes tipos e níveis intelectuais; e, como sugeri anteriormente, a crença tem uma medida vertical, assim como uma horizontal: para responder inteiramente a questão "Em que *A* acredita?", é preciso saber o suficiente sobre *A* para que se tenha alguma noção relativamente ao nível em que ele é capaz de acreditar no que quer que seja. A comunidade de cristãos – um corpo de contornos muito nebulosos – conteria tanto clérigos como leigos de dons intelectuais e/ou espirituais superiores. E incluiria alguns daqueles que são comumente chamados, nem sempre com a intenção de elogiá-los, de "intelectuais".

Que a cultura e o cultivo da filosofia e das artes ficassem confinados ao mosteiro seria um declínio a uma Idade das Trevas que estremeço em contemplar; por outro lado, a segregação da camada "intelectual" em um mundo próprio, em que pouquíssimos sacerdotes ou políticos penetrassem ou por que tivessem qualquer curiosidade, tampouco é uma situação progressista. Parece-me haver bastante desperdício através da pura ignorância; muita ingenuidade é gasta com filosofias mal terminadas, na ausência de qualquer base comum de conhecimento. Escrevemos para nossos amigos – a maioria dos quais também são escritores – ou para nossos pupilos – a maioria dos quais virão a ser escritores; ou temos em vista um público popular hipotético que não conhecemos e que talvez nem exista; o resultado, em qualquer dos casos, tende a ser uma crueza provinciana refinada. Quais são as condições sociais mais frutíferas para a produção de obras de primeira grandeza, filosóficas, literárias ou em outras artes talvez seja um daqueles tópicos de grande controvérsia mais apropriados para a conversa do que para que se escreva sobre ele. Pode ser que não exista um conjunto único de condições mais propício para o desabrochar de todas essas atividades; é igualmente possível que as condições necessárias variem de um país e de uma civilização para a outra. O regime de Luís XIV ou dos Tudor e Stuart dificilmente poderia ser chamado de libertário; por outro lado, o comando de governos autoritários em nosso tempo não parece conduzir a uma renascença das artes; se as artes florescem melhor em um período de crescimento e expansão ou de decadência trata-se de questão que não posso responder. Um governo forte e mesmo tirano pode não prejudicar, na medida em que sua esfera de controle seja estritamente limitada; na medida em que ele se limita a restringir as liberdades, sem tentar influenciar as mentes, de seus súditos; porém um regime de demagogia ilimitada parece embrutecer. Devo restringir minhas considerações à posição das artes em nossa sociedade atual e ao que ela deveria ser em uma sociedade futura tal como a vislumbro.

É possível que as condições desfavoráveis às artes nos dias de hoje sejam demasiado profundas e extensas para depender das diferenças entre uma e outra forma de governo; de modo que a perspectiva à nossa frente é ou de um declínio lento e contínuo, ou da extinção súbita. Não se pode, em qualquer esquema de reforma da sociedade, apontar diretamente para uma condição em que as artes irão florescer: essas atividades são provavelmente subprodutos cujas condições são tais que não podemos dispô-las deliberadamente. Por outro lado, seu declínio sempre pode ser tomado como um sintoma da indisposição social a ser investigada; o futuro da arte e do pensamento em uma sociedade democrática não parece ser mais brilhante do que qualquer outro, a menos que a democracia venha a significar algo muito diferente de tudo o que se nos apresenta hoje como tal. Não é que eu queira defender a censura moral: sempre expressei fortes objeções à supressão de livros que tivessem, ou mesmo que reivindicassem, mérito literário. Porém, o que é mais insidioso do que qualquer censura é a influência contínua que opera silenciosamente em qualquer sociedade de massas organizada para o lucro, para a depressão dos padrões de arte e cultura. A crescente organização da publicidade e da propaganda – ou a influência de massas de homens através de quaisquer meios, à exceção da inteligência – contraria-os inteiramente. O sistema econômico os contraria; o caos de ideais e a confusão do pensamento em nossa educação de massa em larga escala os contraria; e também os contraria o desaparecimento de qualquer classe de pessoas que reconheça a responsabilidade pública e privada de patrocinar o melhor do que é feito e escrito. Em um período em que cada nação tem cada vez menos "cultura" para seu consumo próprio, todas estão fazendo esforços furiosos para exportar sua cultura, para impor umas às outras as conquistas em arte que eles estão deixando de cultivar ou compreender. E assim como aqueles que deveriam ser intelectuais veem a teologia como um estudo especial, como a numismática ou heráldica, com a qual eles não precisam se preocupar, os teólogos observam a mesma indiferença para com a literatura e a arte, como estudos que não *lhes* dizem respeito, do mesmo modo como nossas classes políticas veem ambos como territórios a respeito dos quais eles não têm razão alguma para se envergonhar por permanecerem na completa ignorância. Da mesma forma, os autores mais sérios têm um público limitado, e mesmo provincial, e os mais populares escrevem para uma turba iletrada e acrítica.

Não se pode esperar continuidade e coerência na política; não se pode esperar que comportamentos cuja dependência jaz em princípios estáveis perseverem ante situações transformadas, a menos que haja uma filosofia política que lhe subjaza – e não de um partido, mas de uma nação. Não se pode esperar continuidade e coerência na literatura e nas artes, a menos que haja certa uniformidade de cultura,[12]

---

[12] Em uma importante passagem em *Beyond Politics* (p. 23-31), o Sr. Christopher Dawson discute a possibilidade de uma "organização da cultura". Ele reconhece que é impossível fazer isso "através de qualquer tipo de ditadura filosófica ou política", ou do retorno "à velha disciplina humanística das letras, pois ela é inseparável do ideal aristocrático de uma casta privilegiada de scholars". Ele afirma que "uma sociedade democrática deve encontrar uma organização democrática da cultura que lhe corresponda"; e acha que "a forma de organização apropriada à nossa sociedade no campo da cultura assim como no da política, é o partido – quer dizer, uma organização voluntária para fins comuns baseados em uma 'ideologia' comum".

Acho que tenho forte afinidade com os objetivos do Sr. Dawson, e ainda assim acho difícil apreender o significado dessa "cultura" que não terá filosofia (pois a filosofia, ele nos lembra, perdeu seu antigo prestígio) e que não será especificamente religiosa. O que será, no tipo de sociedade de que estamos nos aproximando, uma "organização democrática da cultura"? Para substituir "democrática" por um termo que para mim tem maior concretude, eu deveria dizer que a sociedade que está se formando e que vem avançando em todos os países, sejam eles "democráticos", sejam eles "totalitários", é uma sociedade de "classe média baixa": suponho que a cultura do século XX virá a pertencer à classe média baixa, assim como a cultura da Era Vitoriana pertenceu à alta classe média ou à aristocracia comercial. Se alterarmos, então, a frase do Sr. Dawson para "uma sociedade de classe média baixa deve encontrar uma organização da cultura de classe média baixa que lhe corresponda", temos algo que me parece fazer mais sentido, embora nos deixe em estado de maior perplexidade. E, no caso de o Partido da Cultura do Sr. Dawson – sobre o qual, no entanto, nossa informação ainda é escassa – vir a ser representativo dessa sociedade futura, será ele capaz de oferecer qualquer coisa de mais importante do que, digamos, uma Royal Academy da classe média baixa, e não apenas retratistas de feiras dominicais?

Pode ser que eu tenha falhado inteiramente em compreender o que o Sr. Dawson quis dizer: nesse caso, posso apenas esperar que ele nos ofereça uma exposição mais completa de suas ideias. A menos que alguma analogia útil possa ser feita com a experiência passada, não consigo entender a "organização da cultura", que parece não ter precedente; e isolando a cultura da religião, da política e da filosofia, parece-nos restar algo não mais apreensível do que o aroma das rosas da primavera passada. Quando falamos de cultura, suponho que temos em mente a existência de duas classes de pessoas: os produtores e os consumidores de cultura – a existência de homens que podem criar novos pensamentos e nova arte (com intermediários que podem ensinar os consumidores a gostar deles) e a existência de uma sociedade cultivada para apreciar e patrocinar tal cultura. Os primeiros, só se pode encorajar; os últimos, só se pode educar.

Eu não menosprezaria a importância, em um período de transição, da ação reacionária; de instituições como o National Trust, a Society for the Preservation of Ancient Buildings, mesmo a Nacional Society, cada qual à sua maneira. Não devemos derrubar árvores velhas até que tenhamos aprendido a plantar outras novas. O Sr. Dawson, porém, está preocupado com algo mais importante do que a preservação de relíquias de culturas antigas. Minha visão provisória só pode ser a de que a "cultura" é um subproduto, e que aqueles que simpatizam com o Sr. Dawson em seu ressentimento com a tirania da política devem dirigir sua atenção ao problema da educação e de como, na sociedade de baixa classe média do futuro, possibilitar o treinamento de uma elite do pensamento, da conduta e do gosto.

Quando falo de uma provável "sociedade de baixa classe média", não antecipo – à parte os extremos de uma por ora imprevista revolução – a ascensão, na Grã-Bretanha, de uma hierarquia política de classe média baixa, embora nossa classe governante tenha de cultivar, em suas relações com países estrangeiros, um entendimento de tal mentalidade. A Grã-Bretanha, presumivelmente, continuará a ser governada pela mesma classe mercantil e financeira que, com uma mudança contínua de pessoal, tem sido cada vez mais importante desde o século XV. Com "sociedade de classe média baixa", quero dizer uma em que o homem médio para quem se legisla e de quem se cuida, o homem cujas paixões devem ser manipuladas, a cujos preconceitos deve-se ceder, cujos gostos devem ser satisfeitos, será o homem de classe média baixa. Ele é o mais numeroso, o que mais se necessita agradar. Não estou necessariamente sugerindo que isso é uma coisa boa ou má: isso dependerá do que o homem de classe média baixa fará de si mesmo, e do que será feito com ele.

expressa na educação por um acordo estabelecido, porém não rígido, quanto ao que todos devem conhecer em certo grau, e uma distinção positiva – por mais antidemocrático que isso possa soar – entre os educados e os incultos. Observei na América que, mesmo com um alto nível de inteligência entre os graduandos, seu progresso era impedido pelo fato de que não se podia assumir que quaisquer dois deles, a menos que tivessem frequentado a mesma escola, sob a influência dos mesmos mestres e no mesmo momento, tinham estudado as mesmas matérias ou lido os mesmos livros, embora o número de disciplinas em que eles haviam sido instruídos fosse surpreendente. Mesmo significando uma menor quantidade de informação total, poderia ter sido melhor se eles tivessem lido menos livros, porém os mesmos. Em uma sociedade liberal negativa, não há acordo possível quanto a um corpo de conhecimentos que qualquer pessoa educada deveria ter adquirido em qualquer estágio particular: a ideia de sabedoria desaparece, e o que se tem são experimentos esporádicos e não relacionados. O sistema de educação de uma nação é muito mais importante do que seu sistema de governo; apenas um sistema de educação adequado pode unir a vida ativa e contemplativa, ação e especulação, política e artes. Porém, "a educação", disse Coleridge, "deve ser reformada, e definida como um sinônimo de instrução". Essa revolução tem sido executada: para o populacho, educação *significa* instrução. O próximo passo a ser tomado pelos burocratas do secularismo é inculcar os princípios políticos aprovados pelo partido no poder.

Pode parecer que me desviei do ponto, mas pareceu-me necessário mencionar a responsabilidade capital da educação na condição que encontramos ou antecipamos: um estado secularizado, uma comunidade transformada em uma turba, e uma classe intelectual desintegrada. A óbvia solução secularista para a confusão é subordinar todos ao poder político; e, na medida em que isso envolve a subordinação dos interesses lucrativos àqueles da nação como um tudo, oferece um alívio imediato, embora possivelmente ilusório: um povo sente-se ao menos mais honrado se seu herói é o estadista, ainda que inescrupuloso, ou o guerreiro, ainda que brutal, e não o financista. Contudo, isso também significa o confinamento do clero a um campo de atividade cada vez mais restrito, a submissão da especulação intelectual livre, e a corrupção das artes por critérios políticos. É apenas em uma sociedade com uma base religiosa – que não é o mesmo que um despotismo eclesiástico – que se pode alcançar a harmonia e a tensão certas, seja para o indivíduo, seja para a comunidade.

Em qualquer sociedade cristã que possa ser imaginada para o futuro – no que o Sr. Maritain chama de uma sociedade *pluralista* –, minha "comunidade de cristãos" não pode ser um corpo com os contornos vocacionais definidos da classe dos intelectuais de Coleridge, que, vista a partir de uma perspectiva de cem anos, parece se aproximar da rigidez de uma casta. A comunidade de cristãos não é uma organização, mas um corpo de contornos indefinidos; composto tanto por clérigos quanto por leigos, dos mais conscientes, mais espiritual e intelectualmente desenvolvidos de ambos. Ela será sua identidade de crença e aspiração, seu background de um sistema comum de educação e de uma cultura comum, que possibilitará que influenciem e sejam influenciados uns pelos outros, e, coletivamente, formem a consciente e a consciência da nação.

O Espírito se nos apresenta de maneiras diferentes, e não posso prever qualquer sociedade futura em que poderíamos classificar cristãos e não cristãos simplesmente em razão de suas crenças professas, ou mesmo em virtude de qualquer código rígido ou de seu comportamento. Na atual ubiquidade da ignorância, não se pode deixar de suspeitar que muitos dos que se declaram cristãos não compreendem o que a palavra significa, e que alguns que repudiariam vigorosamente o cristianismo são mais cristãos do que muitos que o apoiam. E talvez sempre haja indivíduos que, com grandes dons criativos de valor para a humanidade, e com a sensibilidade que tais dons implicam, ainda assim continuarão cegos, indiferentes ou mesmo hostis ao cristianismo. Isso não deve desqualificá-los para o exercício dos talentos que lhes foram dados.

O esboço precedente de uma sociedade cristã, do qual são omitidos muitos detalhes que serão considerados essenciais, não poderia se sustentar sequer como um esboço grosseiro – um *ébauche* – sem algum tratamento que seja, de acordo com a mesma economia, da relação da Igreja e do Estado em tal sociedade. Até aqui, nada sugeriu a existência de uma Igreja organizada. O Estado, no entanto, ainda necessitaria respeitar os princípios cristãos apenas na medida em que os hábitos e os sentimentos do povo não fossem demasiado repentinamente afrontados ou violentamente insultados, ou na medida em que fosse dissuadido por qualquer protesto unívoco daqueles membros mais influentes da comunidade de cristãos. O Estado é cristão apenas negativamente; seu cristianismo é um reflexo do cristianismo da sociedade que ele governa. Não temos salvaguarda alguma contra um Estado que passe de atos não cristãos à ação baseada em princípios implicitamente não cristãos e, a partir daí, à ação baseada em princípios declaradamente não cristãos. Não temos salvaguarda alguma para a pureza de nosso cristianismo; pois, como o Estado pode passar da conveniência à falta de princípio, e como a comunidade cristã pode cair em torpor, a comunidade cristã também pode ser debilitada pela excentricidade e pelo erro de um grupo ou de um indivíduo. Até aqui, temos apenas uma sociedade tal que pode ter uma relação significativa com a Igreja; uma relação que não é de hostilidade ou mesmo de acomodação. E essa relação é tão importante que sem discuti-la não mostramos sequer o esqueleto montado de uma Sociedade Cristã, apenas expusemos os ossos inarticulados.

III

Falei deste ensaio como sendo, sob certo aspecto, uma espécie de prefácio ao problema da Igreja e do Estado; seria bom, neste ponto, indicar suas limitações já de início. O problema é do interesse de todo o país cristão – ou seja, de toda forma possível de sociedade cristã. Tal problema tomará uma forma distinta de acordo com a tradição dessa sociedade – romana, ortodoxa ou luterana. Tomará, ainda, outra forma naqueles países (obviamente os Estados Unidos da América e as colônias) em que a variedade de raças e comunhões religiosas representadas parece tornar a questão insolúvel. Com efeito, em tais países pode parecer que o problema nem mesmo exista; esses países podem parecer comprometidos, desde sua origem, com uma forma neutra de sociedade. Não estou ignorando a possibilidade de que uma sociedade neutra, em tais condições, persista indefinidamente. Creio, porém, que se esses países vierem a desenvolver uma cultura própria, em vez de permanecerem meros subprodutos da Europa, eles somente poderão prosseguir ou em direção a uma sociedade pagã, ou bem em direção a uma sociedade cristã. Não estou sugerindo que a última alternativa deva levar à supressão forçada, ou ao completo desaparecimento, das seitas dissidentes; muito menos, espero, a uma união superficial de Igrejas sob uma fachada oficial, uma união em que as diferenças teológicas seriam tão depreciadas que seu cristianismo poderia se tornar inteiramente artificial. Porém, uma cultura positiva deve ter um conjunto positivo de valores, e os dissidentes devem permanecer marginais, tendendo a fazer apenas contribuições marginais.

Por mais dissimilares que sejam as condições locais, portanto, essa questão da Igreja e do Estado é importante em todo lugar. Sua atualidade na Europa pode fazer com que ela pareça muitíssimo remota na América, assim como sua atualidade na Inglaterra faz com que surjam diversas considerações remotas para o resto da Europa. Se, no entanto, o que digo nas páginas seguintes tem aplicação direta apenas na Inglaterra, não é porque estou pensando em problemas locais sem relação com a cristandade como um todo. Isso se deve, em parte, ao fato de que só posso discutir proveitosamente as situações com as quais estou mais familiarizado e, em parte, ao fato de que uma consideração mais generalizada pareceria lidar apenas com ficções e ilusões. Limitei, portanto, meu terreno à possibilidade de uma sociedade cristã na Inglaterra, e ao falar de Igreja e Estado é a Igreja Anglicana que eu tenho em mente. Porém, deve ser lembrado que termos como "Estabelecimento" e "Igreja Estabelecida" podem ter um significado mais amplo do que aquele que lhes conferimos comumente. Por outro lado, refiro-me apenas à Igreja que pode representar a forma tradicional de crença e devoção cristã da grande massa do povo em um país em particular.

Se meu esboço de uma sociedade cristã angariou a aprovação do leitor, ele há de concordar que tal sociedade só pode se realizar quando a grande maioria das ovelhas pertencerem ao mesmo rebanho. Para aqueles que defendem que a unidade é uma questão indiferente, para aqueles que defendem até mesmo que uma diversidade de visões teológicas é algo positivo em um grau indefinido, não posso fazer apelo algum. Se, porém, admite-se que a unidade é desejável, se a ideia de uma sociedade cristã pode ser compreendida e aceita, então ela só pode se realizar, na Inglaterra, por intermédio da Igreja Anglicana. Este não é o lugar para discutir a posição teológica dessa Igreja: se em qualquer ponto ela está errada, é inconsistente ou evasiva, há reformas a serem feitas dentro da Igreja. E não estou negligenciando a possibilidade e a esperança de uma futura reunião ou reintegração, por um lado ou por outro; estou apenas afirmando que é essa Igreja que, em razão de sua tradição, de sua organização e de sua relação com a vida sociorreligiosa do povo no passado, deve realizar nosso propósito – e que nenhuma cristianização da Inglaterra pode ocorrer sem ela.

A Igreja de uma sociedade cristã, então, deveria ter alguma relação com os três elementos em uma sociedade cristã que elenquei. Ela deve ter uma organização hierárquica com relação direta e oficial com o Estado: e nessa relação há sempre o risco de que ela seja rebaixada a um mero departamento do Estado. Ela deve ter uma organização, tal como o sistema paroquial, em contato direto com as menores unidades da comunidade e com seus membros individuais. E, finalmente, ela deve ter, nas pessoas de seus oficiais mais intelectuais, cultos e devotos, seus mestres de teologia ascética e seus homens de interesses mais amplos, uma relação com a Comunidade de Cristãos. Em matéria de dogma, em matéria de fé e moral, ela se pronunciará como a autoridade final dentro da nação; em questões mais ambíguas ela falará por meio de indivíduos. Por vezes, ela pode e deve entrar em conflito com o Estado, censurando negligências em suas políticas ou defendendo-se contra intrusões do poder temporal ou protegendo a comunidade contra a tirania e afirmando direitos omitidos ou contestando opiniões heréticas ou a legislação e a administração imoral. Por vezes, a hierarquia da Igreja pode ser atacada pela comunidade de cristãos, ou por grupos dentro dela, pois qualquer organização sempre está sob o perigo da corrupção e sempre necessita de reformas internas.

Embora eu não esteja interessado aqui nos meios pelos quais uma sociedade cristã seria alcançada, é sempre necessário considerar a ideia com relação a sociedades existentes em particular; pois não se espera ou não se deseja que sua constituição seja idêntica em todos os países cristãos. Não suponho que a relação entre Igreja e Estado na Inglaterra, como é ou como pode ser, seja um modelo para todas as outras comunidades. Se a condição de Igreja Oficial é a melhor relação em abstrato, não é uma questão que me faço em lugar algum. Se não existisse religião Estabelecida – oficializada como religião do Estado – na Inglaterra, teríamos de avaliar sua conveniência. Porém, como a temos, devemos tomar a situação conforme ela se nos apresenta e analisar, por um momento, os méritos do problema da separação entre Igreja e Estado. Os defensores desse curso,[13] dentro da

---

[13] É interessante comparar a vigorosa defesa do Estabelecimento feita pelo Bispo Hensley Henson, *Cui Bono?*, publicada há mais de quarenta anos, com seu mais recente *Disestablishment*, em que ele adotou uma visão oposta; porém,

Igreja, têm muitas razões convincentes para expor: os abusos e escândalos que tal mudança pode remediar, as inconsistências que podem ser dissolvidas e as vantagens dele resultante são demasiadamente evidentes para exigir menção. Que abusos e defeitos de outro tipo possam aparecer em uma Igreja não Estabelecida é uma possibilidade que talvez não tenha recebido suficiente atenção. O que se aproxima muito mais do meu ponto, contudo, é a gravidade da abdicação que a Igreja – quer voluntariamente, quer sob pressão – teria de fazer. Deixando de lado as anomalias que podem se corrigidas sem ir tão longe, admitirei que uma Igreja Estabelecida está exposta a tentações e compulsões peculiares: ela tem mais vantagens e mais dificuldades. Porém, devemos parar para considerar que a Igreja, uma vez separada do Estado, não pode ser facilmente restabelecida, e que o próprio ato de a separar, separa-a de maneira a mais definitiva e irrevogável da vida da nação do que se ela jamais houvesse sido estabelecida. O efeito de um afastamento visível e dramático da Igreja dos assuntos da nação sobre a mentalidade do povo, do reconhecimento deliberado de dois níveis e modos de vida, do abandono da Igreja de todos aqueles que não estão, por sua convicta devoção, dentro do rebanho – isso é incalculável; os riscos são tão grandes que tal ato

---

demasiada importância poderia ser vinculada, por um lado ou pelo outro, a essa retratação. O argumento em favor do Estabelecimento no primeiro ensaio e o argumento contra ele no segundo são ambos bem apresentados, e ambos merecem estudo. O que aconteceu, parece-me, foi simplesmente que o Bispo Hensley Henson veio a adotar uma visão diferente acerca das tendências da sociedade moderna; e as mudanças ocorridas desde o fim do século XIX são suficientemente importantes para justificar tal mudança de opinião. Seu primeiro argumento não é invalidado; ele pode dizer que agora a situação é diferente, de forma que tal argumento já não pode mais ser aplicado.

Devo aproveitar esta oportunidade para chamar a atenção para a enorme excelência da prosa do bispo Hensley Henson, quer ela seja empregada em um livro preparado durante seu tempo livre, quer em uma ocasional carta ao *The Times*. Em matéria de vigor e de pureza da controvérsia inglesa, não há quem o supere hoje, e seus escritos devem continuar sendo estudados por aqueles que aspiram a escrever bem.

não pode ser senão uma medida desesperada. Ela parece supor algo que não estou disposto a tomar por certo: que a divisão entre cristãos e não cristãos neste país já é, ou está destinada a se tornar, tão clara que pode ser reduzida a estatísticas. Caso se creia, contudo, como eu creio, que a grande maioria do povo não é nem uma coisa nem outra, mas que está vivendo em uma terra de ninguém, então a situação é muito diferente; e a referida separação, em vez de ser o *reconhecimento* de uma condição a que chegamos, seria a *criação* de uma condição cujos resultados não podemos prever.

Não estou interessado aqui na reforma do Estabelecimento: a discussão desse assunto requer uma familiaridade com a lei constitucional, civil e canônica. Porém, não creio que o argumento da prosperidade da Igreja do País de Gales – não Estabelecida –, por vezes apresentado pelos defensores da separação Estado-Igreja, seja procedente. Desconsiderando as diferenças de temperamento racial que devem ser levadas em conta, o efeito total dessa separação não pode ser percebido através da ilustração de uma pequena parte da ilha; e se tal separação fosse generalizada, seu efeito completo não apareceria de uma só vez. E creio que a tendência do tempo é oposta à visão de que a vida religiosa e a vida secular do indivíduo e da comunidade podem compor dois domínios separados e autônomos. Sei que a teologia da separação absoluta da vida do espírito e da vida do mundo ganhou força na Alemanha. Tal doutrina parece mais plausível quando a posição da Igreja é inteiramente defensiva, quando está sujeita à perseguição diária, quando suas reivindicações espirituais são questionadas e quando sua necessidade imediata é a de se manter viva e manter sua doutrina pura. Essa teologia, porém, é incompatível com as suposições que fundamentam tudo o que disse até agora. A crescente complexidade da vida moderna torna-a inaceitável, pois, como já disse, encaramos problemas vitais que surgem não apenas de nossa necessidade de cooperação com os não cristãos, mas de nosso inescapável envolvimento com instituições e sistemas não cristãos. E, finalmente, a tendência totalitária contraria tal teologia, pois a tendência do totalitarismo é a de reafirmar, em um nível inferior, a natureza sociorreligiosa da sociedade. E estou convencido de que não se pode ter uma sociedade nacional cristã, uma comunidade sociorreligiosa, uma sociedade com uma filosofia política fundada sobre a fé cristã, se ela é constituída por uma mera acumulação de seitas privadas e independentes. A fé nacional deve ter um reconhecimento oficial pelo Estado, assim como um status aceito pela comunidade e uma base de convicção nos corações dos indivíduos.

Define-se frequentemente a heresia como uma insistência em uma meia verdade; ela pode ser também uma tentativa de simplificar a verdade, reduzindo-a aos limites de nosso entendimento ordinário, em vez de ampliar nossa razão para a apreensão da verdade. O monoteísmo ou o triteísmo são mais facilmente compreendidos do que o trinitarianismo. Observamos os resultados lamentáveis da tentativa de isolar a Igreja do mundo; há também exemplos do fracasso da tentativa de integrar o mundo à Igreja; devemos também estar atentos a tentativas de integrar a Igreja ao mundo. Um perigo permanente que uma Igreja oficial enfrenta é o erastianismo: não precisamos nos referir ao século XVIII, ou à Rússia pré-guerra, para nos lembrarmos disso. Por mais deplorável que seja essa situação, as ofensas mais graves do erastianismo não são tanto seus escândalos imediatos e manifestos, mas sim suas consequências últimas. Ao alienar a massa da população do cristianismo ortodoxo, ao levá-la a identificar a Igreja com a atual hierarquia e a suspeitar que ela seja um instrumento de uma classe ou de uma oligarquia, ele expõe a mente dos homens a uma variedade de entusiasmos irresponsáveis e irrefletidos seguidos por uma segunda safra de paganismo.

O perigo de que uma Igreja nacional torne-se a Igreja de uma classe não nos interessa diretamente hoje; pois agora que é possível ser respeitável sem ser membro da Igreja da Inglaterra, ou um cristão de qualquer espécie, é também possível ser membro da Igreja da Inglaterra sem ser – nesse sentido – respeitável.[14] O perigo de que uma

---

[14] Dúvidas com relação à segurança doutrinal de uma Igreja nacional devem vir à mente de qualquer leitor de *The Price of Leadership*, do Sr. Middleton Murry. Li a primeira parte desse livro com a mais cálida admiração e posso apoiar tudo o que o Sr. Murry diz em favor de uma Igreja nacional contra o sectarismo e o cristianismo privados. Porém, no ponto em que o Sr. Murry se alia ao Dr. Thomas Arnold eu começo a hesitar. Não tenho nenhuma familiaridade direta com as doutrinas do Dr. Arnold e devo confiar na exposição que o Sr. Murry faz delas. Mas o Sr. Murry não desperta minha completa confiança em Arnold; tampouco as citações de Arnold tranquilizam quanto à ortodoxia do Sr. Murry. O Sr. Murry defende que "o verdadeiro conflito que está se preparando é o conflito entre o cristianismo e o nacionalismo anticristão: porém, certamente um nacionalismo que é abertamente antagônico ao cristianismo ameaça-nos menos do que um nacionalismo que professa um cristianismo do qual todo o conteúdo cristão foi retirado. Que a Igreja na Inglaterra deva ser idêntica à nação – uma visão que o Sr. Murry acredita ter encontrado em Arnold e antes dele em Coleridge, e que o próprio Sr. Murry aceita – é um objetivo louvável, contanto que tenhamos em mente que estamos falando de um aspecto da Igreja; porém a menos que isso seja equilibrado pela ideia da relação da Igreja na Inglaterra com a Igreja Universal, não vejo proteção alguma à pureza ou à catolicidade de sua doutrina. Nem sequer estou seguro de que o Sr. Murry deseje tal proteção. Ele cita, com aparente aprovação, essa frase de Matthew Arnold: "Será que jamais surgirá entre os cristãos uma grande alma que perceba que a eternidade e a universalidade, que são reivindicadas de modo tão vão pelo dogma católico e pelo sistema ultramontano, podem ser realmente possíveis para a devoção católica?".
Ora, se a eternidade e a universalidade devem ser encontradas não no dogma, mas na devoção – quer dizer, em uma forma comum de devoção que significará para os devotos qualquer coisa que eles queiram imaginar –, então o resultado parece-me estar inclinado a ser a mais corrupta forma de ritualismo. O que o Sr. Murry quer dizer com cristianismo em sua Igreja nacional, à exceção do que quer que a nação como tal decida chamar de cristianismo, e o que irá evitar que o cristianismo rebaixe-se a uma forma de nacionalismo, em vez de o nacionalismo ser elevado a cristianismo?
O Sr. Murry sustenta que o Dr. Arnold introduziu um novo espírito cristão nas escolas públicas. Eu não negaria ao Dr. Arnold a honra de ter reformado e aperfeiçoado os padrões morais inculcados pela escolas públicas, nem disputaria a asserção de que a ele e a seu filho "devemos a tradição de um serviço público desinteressado". Porém, a que preço? O Sr. Murry acredita que os ideais do Dr. Arnold foram degradados e adulterados pela geração

Igreja nacional possa se tornar também uma Igreja nacionalista é um perigo a que nossos predecessores que teorizaram sobre a Igreja e o Estado dificilmente teriam esperado que atraísse a atenção, já que o perigo do nacionalismo em si e o risco de preterição de qualquer forma de cristianismo não poderiam estar presentes em suas mentes. No entanto, o perigo sempre esteve lá: e algumas pessoas ainda associam Roma à Armada e ao *Westward Ho!* de Kingsley. Pois uma Igreja nacional tende a refletir apenas os hábitos sociorreligiosos da nação; e seus membros, na medida em que estão isolados das comunidades cristãs de outras nações, talvez tendam a perder qualquer critério de distinção, em seu próprio complexo sociorreligioso, entre o que é universal e o que é local, acidental e errático. Dentro de certos limites,

---

subsequente: eu gostaria de me assegurar de que os resultados não estavam implícitos nos princípios. Parece-me que há outros resultados possíveis. O Sr. Murry diz; "O principal órgão dessa nova sociedade nacional e cristã é o Estado; o Estado é, de fato, o órgão indispensável para sua manifestação. Por essa razão, é indispensável que na nova sociedade nacional, para que ela seja em algum sentido real uma sociedade cristã, a Igreja e o Estado devem se unir. Da natureza dessa união entre Igreja e Estado, tudo depende".

Esse parágrafo, especialmente em conjunção com a sugestão do Sr. Murry de que o Estado deveria assumir o controle das escolas públicas, faz que eu suspeite que o Sr. Murry está pronto para dar vários passos em direção ao totalitarismo; e sem qualquer afirmação explícita de sua parte sobre as crenças cristãs que são necessárias para a salvação, ou sobre a realidade sobrenatural da Igreja, poderíamos até mesmo concluir que ele daria alguns passos em direção a uma Religião Nacional Inglesa, cuja formulação caberia aos fabricantes do rearmamento moral.

O Sr. Murry parece (p. 111) seguir o Dr. Arnold e dar pouca importância à sucessão apostólica. Com respeito à posição de Matthew Arnold, diz ele (p. 125): "Nessa situação, nenhuma simples restauração da piedade cristã poderia ser benéfica: nem mesmo um renascimento da santidade cristã (tal como ele admirava em Newman) seria eficaz contra ela". É muito fácil passar do emprego do adjetivo *simples* para a desconsideração da piedade cristã. Ele continua: "o que era necessário era uma renovação do entendimento cristão e uma concepção ampliada da própria vida espiritual".

Como tal ampliação da concepção da vida espiritual poderia ocorrer sem mestres espirituais, sem o renascimento da santidade, não sou capaz de imaginar.

o culto da Igreja universal pode muito bem variar de acordo com os temperamentos raciais e as tradições culturais de cada nação. O catolicismo romano não é exatamente o mesmo (na visão do sociólogo, se não na do teólogo) na Espanha, na França, na Irlanda e nos Estados Unidos da América, e se não fosse pela existência de uma autoridade central, ele seria ainda mais distinto. A tendência a diferir pode ser tão forte entre corpos da mesma comunhão em diferentes países quanto entre diversas seitas dentro do mesmo país; e, de fato, pode-se esperar que as seitas dentro de um país apresentem traços em comum que nenhuma delas compartilha com a mesma comunhão no exterior.

Os males do cristianismo nacionalista foram mitigados, no passado, pela relativa fraqueza da consciência nacional e pela força da tradição cristã. Eles não estiveram inteiramente ausentes: os missionários foram por vezes acusados de propagar (por meio da ignorância, não da esperteza) os costumes e as atitudes dos grupos sociais a que pertenciam, em vez de apresentar aos nativos a essência da fé cristã de uma maneira que eles pudessem harmonizar sua própria cultura com ela. Por outro lado, creio que alguns eventos ocorridos durante os últimos 25 anos levaram a um crescente reconhecimento da sociedade cristã supranacional: pois se isso não é sinalizado por conferências como a de Lausanne, Estocolmo, Oxford, Edimburgo – e também Malines – então não sei que utilidade tiveram tais conferências. O propósito dos trabalhos envolvidos em possibilitar uma intercomunhão entre as Igrejas oficiais de certos países não é simplesmente o de proporcionar vantagens sacramentais recíprocas a viajantes, mas o de afirmar a Igreja universal sobre a terra. Certamente, ninguém pode defender hoje a ideia de uma Igreja nacional sem contrabalanceá-la com a ideia da Igreja universal e sem ter em mente que a verdade é uma e que a teologia não tem fronteiras.

Creio que os perigos a que uma Igreja nacional está exposta quando a Igreja universal não é mais do que um objetivo pio são tão óbvios que simplesmente mencioná-los é gerar concordância.

Completamente identificada com um povo em particular, a Igreja Nacional pode em qualquer momento, mas especialmente em épocas de agitação, passar a ser nada mais do que a voz do preconceito, da paixão ou do interesse daquele povo. Há outro perigo, porém, não tão facilmente identificado. Tenho defendido que a ideia de uma sociedade cristã implica, para mim, a existência de uma Igreja que deve *ter como objetivo* abranger a nação inteira. A menos que ela tenha tal objetivo, reincidimos naqueles conflitos entre cidadania e filiação à Igreja, entre moralidade pública e privada, que hoje torna a vida moral tão difícil para todos, e que, por sua vez, provoca aquele anseio por uma solução simplificada e monística de estatismo ou racialismo que a Igreja nacional só pode combater se reconhecer sua posição como parte da Igreja Universal. Se nos permitirmos, porém, cogitar para a Europa (para confinar nossa atenção a esse continente) simplesmente o ideal de um tipo de sociedade de sociedades cristãs, devemos tender inconscientemente a tratar a ideia da Igreja universal apenas como a de uma Liga das Nações sobrenatural. A afiliação direta do indivíduo seria apenas a essa Igreja nacional, e a Igreja universal permaneceria uma abstração ou tornar-se-ia uma arena de interesses nacionais conflitantes. Porém, a diferença entre a Igreja universal e uma Liga das Nações aperfeiçoada é esta: que a afiliação do indivíduo à sua própria Igreja é secundária à sua afiliação à Igreja universal. A menos que a Igreja nacional seja uma parte do todo, ela não tem direito algum sobre mim: porém, uma Liga das Nações que poderia ter um direito sobre a devoção do indivíduo, anterior ao direito de seu país, é uma quimera que pouquíssimas pessoas podem nem sequer ter se esforçado como excogitação privada. Falei mais de uma vez da posição intolerável daqueles que tentam levar uma vida cristã em um mundo não cristão. Deve-se ter em mente, contudo, que mesmo em uma sociedade cristã tão bem organizada neste mundo quanto se possa imaginar, o limite seria que nossa vida temporal e espiritual deveriam ser harmônicas: o temporal e o espiritual jamais seriam identificados.

Uma dupla afiliação, ao Estado e à Igreja, a seus conterrâneos e seus companheiros cristãos em todo lugar, sempre persistiria, porém os últimos sempre teriam supremacia. Sempre haveria uma tensão; e essa tensão é essencial para a ideia de uma sociedade cristã, e é a marca que distingue a sociedade cristã de sociedade pagã.

IV

Deveria ser óbvio que a forma de organização política de um Estado cristão não entra no escopo desta discussão. Identificar qualquer forma particular de governo com o cristianismo é um erro perigoso, pois confunde o permanente com o transitório, o absoluto com o contingente. Formas de governo e de organização social estão em constante processo de mudança, e seu funcionamento pode ser muito diferente da teoria que eles deveriam exemplificar. Uma teoria do Estado pode ser, explícita ou implicitamente, anticristã: ela pode se apropriar de direitos que apenas à Igreja é conferido reivindicar, ou fingir decidir questões morais sobre as quais apenas a Igreja está qualificada para se pronunciar. Por outro lado, um regime pode, na prática, reivindicar mais ou menos o que declara, cabendo a nós examinar seu funcionamento, assim como sua constituição. Não temos garantia alguma de que um regime democrático não pode ser tão hostil para com o cristianismo na prática quanto outro regime pode ser na teoria: e o melhor governo deve ser relativo ao caráter e ao estágio de inteligência e educação de um povo em particular, em um lugar particular e em um momento particular. Aqueles que julgam que uma discussão sobre a natureza de uma sociedade cristã deveria fazer seu encerramento com o endosso a uma forma particular de organização política deveriam se perguntar se eles realmente acreditam que nossa forma de governo é mais importante do que nosso cristianismo; e aqueles que estão convencidos de que a presente forma de governo da Grã-Bretanha é a mais adequada para qualquer povo cristão deveriam se perguntar se estão confundindo uma sociedade cristã com uma sociedade em que o cristianismo individual é tolerado.

Este ensaio não pretende ser um manifesto anticomunista ou antifascista; o leitor pode, a essa altura, ter se esquecido do que eu disse no início, no sentido de que eu estava menos preocupado com as diferenças superficiais, embora importantes, entre os regimes de diferentes nações, do que com as diferenças mais profundas entre uma sociedade pagã e uma sociedade cristã. Nossa preocupação com a política estrangeira durante os últimos anos causou uma complacência superficial, em vez de uma tentativa persistente de autoexame da consciência. Por vezes somos quase persuadidos de que estamos progredindo extraordinariamente bem, com uma reforma aqui e outra ali, e que estaríamos progredindo ainda melhor se ao menos os governos estrangeiros não insistissem em quebrar todas as regras e em jogar o que na verdade é um jogo muito diferente. O que é ainda mais deprimente é o pensamento de que apenas o medo ou a inveja do sucesso estrangeiro pode nos alarmar a respeito da saúde de nossa própria nação; que apenas por meio dessa ansiedade podemos enxergar coisas como o despovoamento, a desnutrição, a deterioração moral, a decadência da agricultura, como sendo de todo nocivas. E o que é pior em tudo isso é advogar o cristianismo, não porque ele é verdadeiro, mas porque ele pode ser benéfico. Próximo ao fim de 1938, experimentamos uma onda de revivescimento[15] que deveria nos ensinar que a

---

[15] O "rearmamento moral" foi analisado de maneira competente e com autoridade do ponto de vista teológico pelo Pe. Hilary Carpenter, OP, na edição de abril de 1939 de *Blackfriars*, e pelo professor H. A. Hodges na edição de maio de *Theology*. Porém, sinto que todo o pensamento lúcido restante neste país deveria ser convocado a protestar contra esse abuso do cristianismo e do inglês. Uma leitura da compilação *Moral Re-armament* do Sr. H. W. Austin sugere diversas linhas de pensamento. Nossa reflexão imediata é sobre a extraordinária facilidade com que os homens mais eminentes emprestam seus nomes a qualquer apelo público, por mais obscuro ou ambíguo que seja. Outro pensamento é que o tipo de atividade mental exibido por tais cartas deve ter um efeito muito desmoralizante sobre a

língua. Coleridge observou que "em uma língua como a nossa, em que tantas palavras são derivadas de outras línguas, há poucos métodos de instrução mais úteis ou mais divertidos do que acostumar os jovens a buscar a etimologia, ou o significado primário das palavras que eles empregam. Há casos em que mais conhecimento de maior valor pode ser transmitido pela história de uma palavra do que pela história de uma campanha". Por exemplo, em uma carta ao *Times* reimpressa no panfleto do Sr. Austin, é dito que "a segurança nacional, internamente ou no exterior, só pode ser alcançada através da regeneração moral". Mesmo concedendo que por "regeneração *moral*" pretenda-se representar alguma forma mais branda de parturição do que *regeneração*, trata-se de uma adaptação muito surpreendente das palavras do Evangelho declarar que a menos que uma nação nasça novamente ela não pode alcançar a segurança nacional. A palavra "regeneração" parece ter se degenerado. No próximo parágrafo, substituiu-se "regeneração" por "rearmamento". Não duvido que o termo "rearmamento moral e espiritual" tenha sido originalmente cunhado como uma notável lembrança de que precisamos de algo mais do que equipamento material, porém ele logo foi diminuído, e passou a implicar outro tipo de equipamento *no mesmo plano*: ou seja, para fins que não precisam ser mais do que mundanos.

Apesar do fervor que tinge toda a correspondência, não posso encontrar nada que sugira que o cristianismo é necessário. Alguns dos signatários, ao menos, eu sei que são cristãos, porém o movimento em si, a julgar por esse panfleto, não é mais essencialmente cristão do que a Religião Nacional Alemã do professor Hauer. Não tenho nenhuma experiência direta com o Movimento Buchmanita, no qual esse panfleto parece se inspirar, porém jamais vi qualquer evidência de que para ser um buchmanita era necessário seguir a Fé Cristã de acordo com os Credos, e até que tenha visto uma declaração nesse sentido, continuarei a duvidar que haja qualquer razão para chamar o buchmanismo de um movimento cristão.

Estou alarmado pelo que são não propriamente implicações necessárias, mas certamente possibilidades e, em minha cabeça, probabilidades, de desenvolvimento ulterior desse tipo. É a possibilidade de adaptar gradualmente nossa religião para que ela se ajuste a objetivos seculares – *alguns* dos quais podem ser objetivos valiosos, porém nenhum dos quais será criticado por uma medida sobrenatural. O rearmamento moral, em minha opinião, pode facilmente levar a uma progressiva germanização de nossa sociedade. Observamos a eficiência da máquina germânica, e percebemos que não podemos emulá-la sem um tipo de entusiasmo religioso. O rearmamento moral proverá o entusiasmo, e será a mais útil espécie de droga política – quer dizer, tendo, ao mesmo tempo, a potência de um estimulante e de um narcótico: porém, ela cumprirá sua função em detrimento de nossa religião.

tolice não é prerrogativa de quaisquer partidos políticos ou comunhão religiosa, e que a histeria não é privilégio dos ignorantes. O cristianismo expresso foi vago, o fervor religioso foi um fervor democrático. Ele não pode engendrar nada melhor do que um nacionalismo disfarçado e caracteristicamente esnobe, acelerando nosso progresso em direção ao paganismo que dizemos abominar. Justificar o cristianismo porque ele oferece uma base sólida para a moralidade, em vez de mostrar a necessidade da moralidade cristã a partir da verdade do cristianismo, é uma inversão perigosíssima; e podemos refletir que boa parte da atenção dos Estados totalitários tem sido devotada, com uma firmeza de propósito nem sempre encontrada em democracias, a prover um fundamento moral para sua vida nacional – da espécie errada, talvez, porém em maior quantidade. Não é o entusiasmo, e sim o dogma, que diferencia uma sociedade cristã de uma sociedade pagã.

Tentei restringir minha ambição de uma sociedade cristã a um mínimo social: descrever não uma sociedade de santos, mas de homens comuns, de homens cujo cristianismo é comunal antes de ser

> Há uma tendência, especialmente entre os povos protestantes anglófonos, para tratar a religião como um tipo de tônico social que pode ser usado em tempos de emergência nacional para extrair um nível maior de esforço moral do povo. Contudo, exceto pela concepção pelagiana de religião que essa visão implica, ela não é inteiramente coerente do ponto de vista psicológico, uma vez que simplesmente aumenta a quantidade de tensão moral sem adicionar as fontes de vitalidade espiritual ou resolver os conflitos psicológicos de que sofre a sociedade. (Christopher Dawson, *Beyond Politics*, p. 21)
> Enquanto o sentimento religioso humanista que se expressa no nó na garganta com a última oração na velha Capela da Escola, a comunidade entoando *Abide with me* em uma procissão com archotes e a posição de sentido durante os Dois Minutos de Silêncio podem ser utilizadas pelo totalitarismo, uma religião que fala de redenção através da encarnação do Filho de Deus, que oferece à humanidade os meios sacramentais de união à vida eterna do Homem-Deus Jesus Cristo e que faz da perpétua representação de Seu Sacrifício reparador seu ato essencial deve ser declarada inimiga de todos que veem no Estado a razão de ser da vida de um homem. (Humphrey Beevor, *Peace and Pacifism*, p. 207)

individual. É muito fácil para a especulação sobre uma possível ordem cristã futura a tendência para terminar em uma visão apocalíptica de uma era dourada da virtude. Devemos nos lembrar, contudo, que o Reino de Cristo na Terra jamais há de se realizar, e também que ele está sempre se realizando; devemos lembrar que qualquer reforma ou revolução que possamos efetuar, o resultado sempre será uma sórdida paródia daquilo que uma sociedade humana deveria ser – embora o mundo nunca esteja inteiramente desprovido de glória. Em uma sociedade tal como a que imagino, assim como em qualquer outra que não esteja petrificada, haverá inúmeras sementes de decadência. Qualquer esquema humano para a sociedade é realizado apenas quando a grande massa da humanidade adapta-se a ele; porém, essa mesma adaptação torna-se também, imperceptivelmente, uma adaptação do próprio esquema à massa em que opera: a esmagadora pressão da mediocridade, indolente e indômita como uma geleira, mitigará a mais violenta, e debilitará a mais exaltada revolução, e o que se realiza é tão distinto do fim que o entusiasta concebia que a presciência teria enfraquecido seu esforço. Uma sociedade inteiramente cristã pode ser uma sociedade majoritariamente inferior; ela mobilizaria a cooperação de muitos cujo cristianismo era espectral, supersticioso ou simulado, e de muitos cujos motivos eram, antes de tudo, mundanos e egoístas. Ela iria requerer constante reforma.

Eu não gostaria que se pensasse, no entanto, que considero a presença das formas superiores de vida religiosa um assunto de menor importância para tal sociedade. Tenho, é verdade, insistido no aspecto comunal, e não no individual: uma comunidade de homens e mulheres que não são individualmente melhores do que são agora, exceto pela diferença capital da presença da fé cristã. Porém a presença da fé cristã lhes concederia mais alguma coisa que lhes falta: um *respeito* pela vida religiosa, pela vida de prece e contemplação, e por aqueles que buscam praticá-la. Nisso não estou pedindo mais do cristão britânico do que é a característica ordinária do muçulmano ou do hindu. O homem comum, no entanto, necessitaria da oportunidade de saber que a vida religiosa existiu, que ela tinha seu devido lugar, necessitaria reconhecer a crença daqueles que abandonaram o mundo assim como reconhecer as crenças nele praticadas. Não posso conceber uma sociedade cristã sem ordens religiosas, mesmo ordens puramente contemplativas ou enclausuradas. E, incidentalmente, não gostaria que a "comunidade de cristãos" de que falei fosse pensada como sendo composta simplesmente pelos mais gentis, inteligentes e caridosos membros da alta classe média – ela não deve ser concebida com base em tal analogia.

Podemos dizer que a religião, em oposição ao paganismo moderno, implica uma vida em conformidade com a natureza. Pode-se observar que a vida natural e a vida sobrenatural têm uma conformidade uma com a outra que nenhuma delas tem com a vida mecânica: mas nossa concepção do que é natural encontra-se a tal ponto distorcida que as mesmas pessoas que consideram "antinatural" e, portanto repugnante, que uma pessoa de qualquer sexo escolha uma vida de celibato, consideram perfeitamente "natural" que as famílias sejam limitadas a um ou dois filhos. Seria, talvez, mais natural, assim como estaria em maior conformidade com a vontade divina, que houvesse mais celibatários e que aqueles que fossem casados tivessem famílias maiores. Estamos sendo conscientizados de que a organização da sociedade sobre o princípio do lucro privado e da destruição pública está levando tanto à deformação da humanidade pelo industrialismo desregulado quanto à exaustão dos recursos naturais, e que boa parte de nosso progresso material é um progresso pelo qual as gerações futuras podem ter de pagar muito caro. Basta mencionar, como um exemplo agora muito visível para o público, os resultados da "erosão do solo" – a exploração da terra em ampla escala por duas gerações para o lucro comercial: benefícios imediatos levando à escassez e à desertificação. Eu não os levaria a pensar que condeno uma sociedade por causa de sua ruína material, pois isso seria fazer de seu sucesso material uma verificação suficiente de sua excelência; quero dizer apenas que uma atitude incorreta com relação à natureza implica, em algum ponto, uma atitude incorreta com relação a Deus, e que a consequência é uma perdição inevitável. Por um período suficientemente longo não acreditamos em nada senão no valor que surja de um modo de vida mecanizado, comercializado e urbanizado: seria bom que encarássemos as condições permanentes segundo as quais Deus nos permite viver neste planeta. E sem sentimentalizar a vida do selvagem, devemos praticar a humildade de observar, em algumas das sociedades que vemos como primitivas ou retrógradas, a operação de um complexo social-religioso-artístico que devermos emular em um plano superior. Estivemos acostumados a ver o "progresso" como integral, sempre; e ainda temos de aprender que é apenas mediante um esforço e de uma disciplina maior do que a que sociedade já viu necessidade de se impor que o conhecimento e o poder materiais são conquistados sem a perda de conhecimento e poder espirituais. A luta para recuperar o senso de relação com a natureza e com Deus, o reconhecimento de que mesmo os sentimentos mais primitivos deveriam fazer parte de nossa herança, parece-me ser a explicação e a justificação da vida de D. H. Lawrence, e o perdão por suas aberrações. Porém, precisamos não apenas aprender a olhar para o mundo com os olhos de um índio mexicano – e dificilmente acredito que Lawrence o fez –, e certamente não podemos nos dar ao luxo de parar por aí. Precisamos saber como ver o mundo como os Padres Cristãos o viam; e o propósito de reascender às origens é o que devemos ser capazes de retornar, com mais conhecimento espiritual, à nossa própria situação. Precisamos recuperar o sentido de um medo religioso, para que ele possa ser superado pela fé religiosa.

Não gostaria de deixar o leitor supondo que eu tentei oferecer mais um esboço amador de um futuro abstrato e impraticável: o projeto a partir do qual o doutrinário critica os fragmentados esforços diários dos homens políticos. Esses últimos esforços têm de continuar; porém, a menos que possamos encontrar um padrão em que todos os problemas da vida possam ter seu lugar, estamos apenas inclinados a continuar complicando o caos. Enquanto, por exemplo, considerarmos finanças, indústria, comércio e agricultura simplesmente como interesses concorrentes a serem reconciliados de tempos e tempos da melhor forma possível, enquanto considerarmos a "educação" um bem em si a que todos têm um direito extremo, sem qualquer ideal da boa vida para a sociedade ou para o indivíduo, nos moveremos de uma concessão incômoda a outra. À organização simples e rápida da sociedade para fins que, sendo apenas materiais e mundanos, devem ser tão efêmeros quanto o sucesso mundano, há apenas uma alternativa. Como a filosofia política deriva suas sanções da ética, e a ética da verdade da religião, é apenas retornando à eterna fonte da verdade que podemos ter esperança de que, em qualquer organização social, não irá ignorar, até sua destruição total, algum aspecto essencial da realidade. O termo "democracia", como eu disse reiteradamente, não tem conteúdo positivo suficiente para se opor, sozinho, às forças que vocês detestam – ele pode facilmente ser transformado por elas. Se você não aceitar a Deus (e Ele é um Deus ciumento), você deverá prestar homenagem a Hitler ou Stálin.

Creio que deve haver muitas pessoas que, como eu, ficaram profundamente abaladas com os eventos de setembro de 1938 de uma maneira da qual não é possível se recuperar; pessoas para quem aquele mês trouxe uma percepção mais profunda de um apuro generalizado. Não foi um distúrbio em nosso entendimento: os eventos em si não foram surpreendentes. Tampouco, conforme tornou-se cada vez mais evidente, devia-se nossa agonia ao simples desacordo com a política e o comportamento do momento. O sentimento que era novo e inesperado era de humilhação, que parecia exigir um ato de penitência pessoal, de humildade, de arrependimento e de correção; o que aconteceu foi algo com que estávamos profundamente envolvidos e pelo que éramos profundamente responsáveis. Não era, repito, uma crítica ao governo, mas uma dúvida quanto à validade de uma civilização. Não podíamos comparar convicção com convicção, não tínhamos ideias com que pudéssemos comparar ou opor as ideias com que nos deparamos. Estaria nossa sociedade, que sempre fora tão segura de sua superioridade e retidão, tão confiante em suas premissas não verificadas, assentada em algo não mais permanente do que um amontoado de bancos, companhias seguradoras e indústrias? Teria ela quaisquer crenças mais essenciais do que uma crença no juro composto e no custeio dos dividendos? Pensamentos como esses formaram um ponto de partida – e devem continuar sendo a justificativa – para dizer o que eu tinha a dizer.

6 de setembro de 1939. Todo este livro, com Prefácio e Notas, foi terminado antes que se tornasse conhecido que entraríamos em guerra. Porém, a possibilidade da guerra, que agora se realizou, sempre esteve presente em minha mente, e as únicas observações adicionais que eu senti que tinha o dever de fazer foram as seguintes: primeiro, que o alinhamento de forças que agora se revelou deveria tornar mais clara em nossa consciência a alternativa do cristianismo ou do paganismo; e, segundo, que não podemos nos permitir adiar nosso pensamento construtivo até o término das hostilidades – um momento em que, como deveríamos saber por experiência, o bom conselho tende a ser obscuro.[16]

---

[16] Tenho permissão para reeditar a seguinte carta do *Times* de 5 de outubro de 1938, que pode servir quer como prólogo, quer como epílogo a tudo o que eu disse e que oferece o estímulo imediato às conferências que formam este livro.

3 de outubro de 1938

Caro senhor,

As lições que estão sendo extraídas das inesquecíveis experiências que vivemos nos últimos dias não me parecem, em sua maior parte, ir suficientemente fundo. O período de graça que nos foi dado pode não ser mais do que um adiamento do dia do ajuste de contas a menos que nos decidamos por buscar uma cura radical. Nossa civilização só pode se recuperar se estivermos determinados a extrair pela raiz os tumores cancerígenos que a trouxeram à beira do colapso total. Se devem prevalecer nas relações humanas a verdade e a justiça ou o capricho e a violência é uma questão da qual depende o destino da humanidade. Porém, equacionar o conflito entre essas forças oponentes com o contraste entre democracias e ditaduras, por mais real e profunda que seja essa diferença, é uma perigosa simplificação do problema. Focar nossa atenção no mal que há nos outros é uma maneira de escapar à dolorosa batalha pela erradicação de tal mal de nossos corações e de nossas vidas e uma evasão de nossas verdadeiras responsabilidades.

A verdade basilar é que os fundamentos espirituais da civilização ocidental foram minados. Os sistemas que estão em ascensão no continente podem ser percebidos, de um ponto de vista, como tentativas convulsivas de estancar o processo de desintegração. Que clara alternativa temos neste país? O espírito inglês está confuso e indeciso. É possível que uma simples questão, para a qual uma resposta afirmativa é, para muitos, algo óbvio, e para muitos outros, um sonho vão ou mera insensatez, possa nessas circunstâncias tornar-se um problema sério e vivo? Pode nossa salvação depositar-se em uma tentativa de recuperar nossa herança cristã não no sentido de voltar ao passado, mas de descobrir nas afirmações e percepções centrais de nossa fé cristã novas energias religiosas para regenerar e vitalizar nossa sociedade enferma? O repúdio público do que foi certa vez conhecido como força da cristandade não traz à tona a questão de saber se o caminho da sabedoria não está talvez em tentar elaborar uma doutrina cristã da sociedade moderna e ordenar nossa vida nacional em concordância com ela?

Aqueles que dariam uma resposta rápida, fácil ou confiante a essa questão não foram capazes de compreendê-la. Ela não pode sequer ser seriamente considerada sem uma profunda consciência da extensão em que as ideais cristãs perderam sua influência sobre, ou esmoreceram na consciência de grandes parcelas da população; das poderosas mudanças que seriam exigidas na estrutura, nas instituições e nas atividades da sociedade existente, que é em muitos de seus atributos uma completa negação da compreensão cristã sobre o significado e o fim da existência humana; e do estupendo e custoso esforço espiritual, moral e intelectual que qualquer tentativa genuína de ordenar a vida nacional em concordância com a compreensão cristã da vida demandaria. Vista de maneira realista, a tarefa está tão além da atual capacidade do nosso cristianismo britânico que pareço tolo ao escrever esta carta. Porém, se houvesse vontade, creio que os primeiros passos a serem dados estão bastante claros. A pressuposição de tudo mais, no entanto, é o reconhecimento de que nada menor do que um esforço verdadeiramente heróico irá ajudar a salvar a humanidade de seus males atuais e da destruição que a eles se seguirão.

Seu,

J. H. OLDHAM

POSFÁCIO

Um distinto teólogo, que foi gentil o bastante para ler as provas deste livro, fez algumas críticas que eu mesmo gostaria de ter avaliado mediante uma revisão meticulosa do texto. Ele autorizou-me a citar a seguinte passagem de sua crítica, que o leitor pode considerar de ajuda para corrigir alguns dos defeitos de minha apresentação:

> As principais teses deste livro parecem-me tão importantes, e sua aplicação tão urgentemente necessária, que quero chamar a atenção para dois pontos que penso necessitarem de maior ênfase, a fim de que o ponto do argumento não se perca.
>
> Uma parte essencial do problema, com relação à verdadeira Igreja e a seus membros existentes, é a compreensão entre nós do fato fundamental de que o cristianismo é, antes de tudo, a mensagem de uma verdade, um dogma, uma crença sobre Deus, sobre o mundo e sobre o homem, que demanda do homem uma resposta de fé e penitência. A falha comum está em colocar a resposta humana em primeiro lugar, e então pensar no cristianismo como essencialmente uma *religião*. Existe entre nós, consequentemente, uma tendência a ver os problemas do dia à luz do que é possível do ponto de vista prático, e não à luz do que é imposto pelos princípios daquela verdade a que a Igreja deve prestar testemunho.
>
> Em segundo lugar, há uma ambiguidade geral quanto à "comunidade de cristãos". Temo que a expressão seja interpretada de maneira a se referir às boas pessoas de disposição cristã da alta classe média. A comunidade de cristãos, contudo, deve se referir àqueles que estão unidos na vida sacramental da Igreja visível: e essa comunidade na vida de fé deve produzir algo como uma mentalidade comum quanto às questões do dia. Não se pode, de fato, assumir que a mentalidade da Comunidade de Cristãos é verdadeiramente refletida nos pronunciamentos eclesiásticos que aparecem de tempos em tempos: tal mentalidade não se forma rapidamente, nesses assuntos em que é tão difícil enxergar um caminho. Deve haver, no entanto – e em alguma medida existe agora –,

nas mentes dos cristãos, um senso de proporção das coisas e um espírito de disciplina, que são frutos diretos da vida de fé: e são eles que precisam ser aplicados se as questões devem ser respondidas à luz de princípios cristãos.

APÊNDICE

A seguinte transmissão, realizada em fevereiro de 1937 em uma série sobre "Igreja, Comunidade e Estado", e impressa no *Listener*, tem alguma relevância para o assunto das páginas anteriores deste livro.

Que existe uma antítese entre a Igreja e o mundo é uma crença derivada da mais alta autoridade. Sabemos ainda de nossa leitura da história que certa tensão entre Igreja e Estado é desejável. Quando Igreja e Estado discordam completamente, trata-se de um sintoma de doença da inteira comunidade; e quando Igreja e Estado entendem-se demasiadamente bem, há algo de errado com a Igreja. Porém, a distinção entre a Igreja e o mundo não é tão fácil de se estabelecer quanto aquela entre Igreja e Estado. Não nos referimos aqui a nenhuma comunhão ou organização eclesiástica particular, mas à totalidade dos cristãos enquanto cristãos; e não nos referimos a nenhum Estado em particular, mas à inteira sociedade, pelo mundo inteiro, em seu aspecto secular. A antítese não é simplesmente entre dois grupos de indivíduos opostos: cada indivíduo é, ele mesmo, um campo de batalha entre as forças da Igreja e do mundo.

Pode-se pensar que a "mensagem da Igreja para o mundo" não era nada mais do que o velho negócio da Igreja de seguir falando. Gostaria de torná-la mais urgente expandindo seu título para "o negócio da Igreja de interferir no mundo". O que se assume frequentemente, e é um princípio ao qual desejo me opor, é o princípio do viva-e-deixe-viver. Supõe-se que se o Estado deixa a Igreja em paz, e em alguma medida a protege do assédio, então a Igreja não tem direito algum de interferir na organização da sociedade, ou na conduta daqueles que negam sua crença. Supõe-se que qualquer interferência de tal espécie seria a opressão da maioria por uma minoria. Os cristãos precisam ter uma visão muito diferente de seu dever. Porém, antes de sugerir *como* a Igreja deveria intervir no mundo, devemos tentar responder à seguinte questão: *por que* ela deveria interferir no mundo?

É preciso dizer sem rodeios que entre a Igreja e o mundo não há um *modus vivendi* permanente possível. Podemos inconscientemente estabelecer uma falsa analogia entre a posição da Igreja em uma sociedade secular e a posição de uma seita dissidente em uma sociedade cristã. A situação é muito diferente. Uma minoria dissidente em uma sociedade cristã pode persistir devido a uma moralidade comum e aos fundamentos comuns da ação cristã. Onde há uma moralidade diferente, há conflito. Não quero dizer que a Igreja existe antes de tudo para a propagação da moralidade cristã: a moralidade é um meio e não um fim. A Igreja existe para a glória de Deus e a santificação das almas: a moralidade cristã é parte dos meios através dos quais tais fins serão alcançados. Porém, porque a moral cristã está baseada em crenças definidas que não podem mudar, ela é, também, essencialmente imutável, ao passo que as crenças e, em consequência, a moralidade do mundo secular pode mudar de indivíduo para indivíduo, ou de geração para geração, ou de nação para nação. Aceitar dois modos de vida na mesma sociedade, um para os cristãos, outro para o resto, significaria, para a Igreja, abandonar sua tarefa de evangelização do mundo. Pois quanto mais estranho o mundo não cristão se torna, mais difícil torna-se sua conversão.

A Igreja não é apenas para os eleitos – em outras palavras, aqueles cujo temperamento os leva a tal crença e a tal comportamento. Tampouco ela nos permite sermos cristãos em algumas relações sociais e não cristãos em outras. Ela quer a todos, e quer cada indivíduo inteiramente. Portanto, ela deve lutar por uma condição de sociedade que nos oferecerá a máxima oportunidade de levar vidas inteiramente cristãs, e o máximo de oportunidade para que os outros se tornem cristãos. Ela sustenta o paradoxo de que, enquanto somos cada um de nós responsáveis por nossas almas, somos todos responsáveis por todas as outras almas que, como nós, estão a caminho de um estado futuro de paraíso ou inferno. E – outro paradoxo – como a atitude cristã com relação à paz, à felicidade e ao bem-estar dos povos é que eles são meios e não fins em si mesmos, os cristãos estão mais profundamente comprometidos com a realização desses ideais do que aqueles que os consideram fins em si mesmos.

Agora, *como* a Igreja irá intervir no mundo? Não proponho tomar o resto do meu tempo denunciando o fascismo e o comunismo. Essa tarefa foi mais habilmente executada por outros, e as conclusões podem ser tomadas por certas. Ao buscar essa denúncia, posso obter dos senhores um tipo de aprovação que não desejo. Suspeito que grande parte da aversão a essas filosofias neste país deva-se às razões erradas tanto como às certas, e esteja desvirtuada pela complacência e pelo esnobismo. É fácil, seguro e agradável criticar os estrangeiros. E tem a vantagem de desviar a atenção dos males de nossa própria sociedade. Devemos distinguir também entre nossa oposição às *ideias* e nossa desaprovação das *práticas*. Ambos o fascismo e o comunismo têm ideias fundamentais que são incompatíveis com o cristianismo. Porém, na prática, um Estado fascista ou comunista poderia realizar mais ou menos seu ideal, e poderia ser mais ou menos tolerável. E por outro lado, as práticas, ou outras igualmente censuráveis, poderiam facilmente introduzir-se em uma sociedade nominalmente ligada a princípios inteiramente diferentes. Não precisamos supor que nossa forma de democracia constitucional é a única adequada para um povo cristão, ou que ela é em si uma garantia contra um mundo anticristão. Em vez de simplesmente condenar o fascismo e o comunismo, portanto, faríamos bem em considerar que também vivemos em uma civilização de massas seguindo muitas ambições erradas, como muitos desejos errado, e que se nossa sociedade renunciar completamente a sua obediência a Deus, ela não será melhor, será possivelmente pior, do que algumas daquelas sociedades estrangeiras que são popularmente execradas.

Com "o mundo", então, refiro-me, para meu presente propósito, particularmente ao mundo nesta ilha. A influência da Igreja pode ser exercida de diversas maneiras. Ela pode se opor a ações particulares, ou a elas se opor, em momentos particulares. Ela é clamada quando apoia qualquer causa que já garantiu considerável apoio secular: ela é atacada, muito naturalmente, quando se opõe a qualquer coisa que as pessoas pensam querer. Se o povo diz que a Igreja deve interferir ou que ela deve cuidar de sua própria vida, depende principalmente de se eles concordam ou discordam de sua atitude quanto ao assunto do momento. Um problema muito difícil surge quando quer que haja ocasião para que a Igreja resista a qualquer inovação – quer na legislação ou na prática social – que contraria princípios cristãos. Para aqueles que negam, ou não aceitam completamente a doutrina cristã, ou que desejam interpretá-la de acordo com suas luzes privadas, tal resistência frequentemente parece opressiva. Para a mente desarrazoada, pode-se frequentemente fazer com que a Igreja pareça ser o inimigo do progresso ou do esclarecimento. A Igreja pode não ser sempre forte o suficiente para resistir com êxito: não vejo, porém, como ela pode algum dia aceitar permanentemente que haja uma lei para ela e outra para o mundo.

Não desejo, no entanto, insistir na questão dos tipos de problemas que podem surgir de tempos em tempos. Quero sugerir que uma tarefa para a Igreja em nosso tempo é um escrutínio mais profundo de nossa sociedade, que deve partir da seguinte questão: Com que profundidade o fundamento de nossa sociedade é não apenas neutro, mas positivamente anticristão?

Não deve ser necessário que eu insista que os objetivos finais do sacerdote, e os objetivos finais do reformador, são muito diferentes. Na medida em que os objetivos do último são em favor da verdadeira justiça social, eles devem estar compreendidos naqueles do primeiro. Porém, uma razão pela qual o fado do reformador secular me parece ser o mais fácil é a seguinte: em geral, ele concebe os males do mundo como algo que lhe é exterior. Eles são considerados ou como completamente impessoais, de forma que não há nada a alterar senão o mecanismo; ou, se há um mal *encarnado*, ele está sempre encarnado nas *outras pessoas* – uma classe, uma raça, os políticos, os banqueiros, os fabricantes de armamento, e assim por diante –, nunca nele mesmo. Há exceções individuais: mas na medida em que um homem enxerga a necessidade de converter *a si mesmo* assim como ao mundo, ele está se aproximando do ponto de vista religioso. Para a maioria das pessoas, contudo, ser capaz de simplificar as questões de forma a enxergar apenas o inimigo externo definido é extremamente regozijante, gerando o olhar convicto e o passo firme que tanto combinam com o uniforme político. Esse é um regozijo ao qual o cristão deve se negar. Ele vem de um estimulante artificial determinado a ter efeitos secundários prejudiciais. Ele causa o orgulho, quer individual, quer coletivo e o orgulho sempre traz sua própria danação. Pois apenas na humildade, na caridade e na pureza – e, talvez, acima de tudo, na humildade –, pode-se estar preparado para receber a graça de Deus, sem a qual as ações humanas são vãs.

Não é o bastante simplesmente enxergar o mal, a injustiça e o sofrimento deste mundo, e precipitar-se à ação. Devemos saber, e isso apenas a teologia nos pode dizer, por que tais coisas são erradas. Caso contrário, podemos corrigir algumas injúrias ao custo de criar outras. Se este é um mundo em que a maioria de meus semelhantes e eu vivemos naquela perpétua distração de Deus que nos expõe ao grande perigo, o da alienação última e completa de Deus após a morte, há algo errado que eu devo tentar ajudar a corrigir. Se há qualquer profunda imoralidade com que estamos todos comprometidos como uma condição para a vida em sociedade, essa é uma questão do mais grave interesse da Igreja. Não sou nem sociólogo, nem economista, e em todo caso seria inapropriado, neste contexto, produzir qualquer fórmula para corrigir o mundo. É muito mais uma tarefa da Igreja apontar o que está errado, ou seja, o que é inconsistente com a doutrina cristã, do que propor esquemas particulares de aperfeiçoamento. O que é certo entra no reino do *expediente* e é contingente ao lugar e ao momento, ao nível de cultura, ao temperamento de um povo. A Igreja, no entanto, pode apontar aquilo que é *errado* sempre e em todo lugar. E sem essa firme confiança nos primeiros princípios que é tarefa da Igreja repetir constantemente, o mundo confundirá constantemente o *certo* com o conveniente. Em uma sociedade baseada no uso do trabalho escravo, alguns homens tentaram provar pela Bíblia que a escravidão era algo ordenado por Deus. Para a maioria das pessoas, a verdadeira constituição da sociedade, ou aquela que suas paixões mais generosas desejam promover, está certa, e o cristianismo deve se adaptar a ela. Porém, a Igreja não pode ser, em qualquer sentido político, nem conservadora, nem liberal, nem revolucionária. O conservadorismo é assaz frequentemente conservador das coisas erradas; o liberalismo é um relaxamento da disciplina; a revolução é uma negação do que é permanente.

Talvez o vício dominante de nosso tempo, do ponto de vista da Igreja, seja a avareza. Certamente há algo de errado em nossa atitude com relação ao dinheiro. Os instintos aquisitivos, e não os criativos ou espirituais, são encorajados. O fato de que o dinheiro está sempre disponível para o propósito de criar mais dinheiro, enquanto é tão difícil obtê-lo para propósitos de troca, e para as necessidades dos mais necessitados, é desconcertante para aqueles que não são economistas. Não estou de maneira alguma seguro de que é certo que eu aproveite qualquer renda investindo-a nas ações de uma companhia, fazendo não sei bem o quê, operando talvez a milhares de milhas de distância, e em cujo controle eu não tenho nenhuma voz efetiva – porém que é recomendada como um bom investimento. Estou ainda menos seguro da moralidade de ser um agiota: quer dizer, de investir em títulos e debêntures. Sei que é errado especular: porém onde deve se estabelecer a linha entre especulação e o que se chama de investimento legítimo não está de forma alguma claro. Pareço ser um usurário insignificante em um mundo amplamente manipulado por grandes usurários. E sei que a Igreja certa vez condenou tais coisas. E creio que a guerra moderna é causada principalmente pela imoralidade da competição que está sempre conosco nos tempos de "paz"; e até que esse mal seja curado, não há ligas ou desarmamentos ou confiança coletiva ou conferências ou convenções ou tratados suficientes para evitá-la.

E a maquinaria, por mais bonita que seja de se olhar e ainda que seja um maravilhoso produto da inteligência e da habilidade, pode ser usada para propósitos perversos tanto quanto para os bons: e isso é tão verdadeiro a respeito do mecanismo social quanto dos engenhos de aço. Creio que, mais importante do que a invenção de uma nova máquina, é a criação de uma mentalidade popular tal que o povo possa aprender a usar uma nova máquina da maneira certa. Mais importante ainda, no momento, seria a difusão de um conhecimento sobre o que é errado – *moralmente* errado – e *por que* é errado. Estamos todos insatisfeitos com a maneira com que o mundo é conduzido: alguns acreditam que é um delito de que somos todos cúmplices. Alguns acreditam que, caso entreguemo-nos de todo à política, à sociologia ou à economia, apenas trocaremos uma improvisação por outra. E aqui está a mensagem eterna da Igreja: afirmar, ensinar e aplicar a verdadeira teologia. Não podemos nos satisfazer em sermos cristãos em nossas preces e simples reformadores seculares todo o resto da semana, pois há uma pergunta que devemos nos fazer todo dia e sobre qualquer assunto. A Igreja tem de responder eternamente esta questão: Com que propósito nascemos? Qual é o fim do Homem?

Ensaio 1 | Uma Sociedade Subcristã?

UMA RESENHA DE MAURICE B. RECKITT NO
NEW ENGLISH WEEKLY DE 7 DE DEZEMBRO DE 1939

Não consigo conter uma sensação de certa irrealidade ligada à tentativa de resenhar este livro. Pois resenhas são, de modo geral, e não de todo sem justificação, vistas como um meio de transmitir – ou, alternativamente, de obter – a essência de um livro antes mesmo de o ler (ou, mais frequentemente, como um substituto à sua leitura). O livro do Sr. Eliot, porém, é tão curto, tão sucinto, e escrito com brilho tão cristalino (o Dr. Keith Feiling falou bem ao se referir ao "forte impacto de seu estilo") que ninguém sequer remotamente interessado seja no Sr. Eliot, seja no seu assunto, deixará de lê-lo por si mesmo, e provavelmente ninguém estará particularmente interessado em saber qual seja a opinião de qualquer outra pessoa sobre ele. O leitor estará muito afoito para seguir o óbvio caminho de formar sua própria opinião. Em todo caso, o livro já foi amplamente resenhado e perfeitamente sumariado pela imprensa, e todos aqueles que tinham alguma coisa de interesse a declarar acerca dele a essa altura já o fizeram. Recomendo particularmente o artigo do cônego Charles Smyth na *Spectator*, que, por sinal, constrange-me um tanto por dizer exatamente aquilo que eu gostaria de ter dito, muito melhor do que sou capaz de o fazer.

Não vi ser dado o merecido relevo, contudo, ao fato de que este livro não é o produto de um interesse puramente teórico no assunto; trata-se de uma resposta a um abalo. O Sr. Eliot confessa ter sido profundamente abalado "com os eventos de setembro de 1938, de uma maneira da qual não é possível se recuperar", além de ser (como ele suspeita) um dos muitos que experimentaram um "sentimento que era novo e inesperado [...] de humilhação, que parecia exigir um ato de penitência pessoal, de humildade, de arrependimento e de correção; o que aconteceu foi algo com que estávamos profundamente envolvidos e pelo que éramos profundamente responsáveis", algo que sugeria "dúvida quanto à validade de uma civilização". Essa declaração fortemente pessoal – e mesmo emotiva –, cujo ânimo é reproduzido na admirável carta do Dr. J. H. Oldham, escrita ao *Times* naquela ocasião e reproduzida ao fim das notas do Sr. Eliot, carta esta que forneceu, como ele diz, "o estímulo imediato" para tais conferências, tal declaração, dizia, é interessante por duas razões. Em primeiro lugar, porque oferece uma excelente expressão para ideias (ou melhor, para fatos) acerca das quais a maioria das pessoas encontra dificuldade em atribuir algum significado – pecado coletivo e penitência coletiva. Em segundo lugar, porque o Sr. Eliot reagiu à referida experiência não através de emoções ou lamentos – como o faria a maioria de nós se sequer chegássemos a tal experiência –, mas antes pelo pensamento. Seu livro é um daqueles raros fenômenos na vida inglesa – a resposta de uma mente cristã a um desafio moral.

Não pretendo louvar o livro do Sr. Eliot, o que seria insolente, mesmo, nem o sumariar, o que seria desnecessário (como sugere o primeiro parágrafo desta resenha). O próprio Sr. Eliot descreve-o como "uma discussão que deve ocupar muitas mentes por muito tempo", e resenha alguma seria capaz de acompanhar todas as pistas sugeridas nesta obra. Temos uma sociedade cristã – o que quer que isso seja? Não, afirma o Sr. Eliot, temos uma sociedade neutra, e a diferença entre isso e uma sociedade pagã "é, no longo prazo, de menor importância", mas, insiste o autor, "uma sociedade não deixou de ser cristã até que tenha se tornado algo positivamente diferente", e ainda que nossa cultura seja majoritariamente negativa, "lá onde ainda é positiva, ainda é cristã". A situação, porém, é muito mais séria do que o cristão comum percebe, pois "trata-se do problema constituído por nossa implicação em uma rede de instituições da qual não podemos nos dissociar: instituições cuja operação já não parece ser neutra, mas sim não cristã". O homem comum que se crê, em algum sentido real, um cristão, está, de fato, tornando-se "cada vez mais descristianizado ante todo tipo de pressão inconsciente: o paganismo retém todos os mais valiosos espaços publicitários. Qualquer coisa como tradições cristãs transmitidas de geração para geração dentro da família deve desaparecer, e o reduzido conjunto de cristãos consistirá inteiramente em recrutas adultos" que têm redescoberto a Fé por si mesmos. Mesmo que a qualidade até compense a quantidade (uma tendência inevitável que, no entanto, o Sr. Eliot parece-me exagerar), obviamente as perspectivas não são nada boas relativas à transição de uma sociedade neutra para uma sociedade cristã – o que quer que isso seja.

Ainda que o Sr. Eliot diga "estou muito interessado em tornar claras suas diferenças com relação ao tipo de sociedade em que vivemos hoje", ele não tem nada de muito específico a dizer sobre isso, e a divergência entre nossa presente condição e a condição cristã é questão que não é discutida com nenhum detalhamento. Chegamos a ter, entretanto, uma definição de uma sociedade cristã que seria aquela "em que o fim natural do homem – a virtude e o bem-estar em comunidade – é reconhecido por todos, e o fim sobrenatural – a beatitude – por aqueles que têm olhos para vê-lo". Ora, aqui, indubitavelmente, pode começar "uma discussão que deve ocupar muitas mentes por muito tempo", e creio que de fato assim deva ser, pois nesse ponto central emerge, talvez, a questão mais discutível no livro, uma questão tal que cria tanta dificuldade para mim que devo confinar-me, no espaço que me resta, a tratar dela. Pois apesar de concordar plenamente com o Sr. Eliot que "uma atitude equivocada em relação à natureza implica, em algum ponto, uma atitude equivocada com Deus", não consigo compreender como a aceitação de um "fim natural" por parte daqueles que nosso autor (como ele mostra em outra passagem) claramente considera como a grande maioria de qualquer condição que se preveja possa criar uma sociedade cristã. Parece-me sugerir antes uma sociedade definitivamente pagã, se tal termo fosse utilizado em sua conotação mais precisa, e não como o Sr. Eliot, valendo-se de uma convenção que julgo indigna de seu estilo preciso, que a utiliza para indicar a disposição demoníaca do mundo moderno.

Tantas resenhas deste livro já foram escritas que provavelmente todos os meus leitores saberão que o Sr. Eliot distingue entre "o Estado cristão, a comunidade cristã e a comunidade de cristãos", todos sendo elementos da sociedade cristã. Não julgo tais títulos de todo uma escolha muito feliz, mas não há dificuldade em compreender o que o Sr. Eliot almeja distinguir, uma distinção aliás que tem muito dos elementos da cristandade medieval, se tomarmos como paralelos a classe dominante, a massa da população e as ordens religiosas. Há cem anos, Coleridge tinha em mente uma categoria análoga à terceira quando cunhou o termo "*clerisy*" – a classe dos intelectuais –, mas o Sr. Eliot dá boas razões para pensar que tal termo – ao menos no sentido a ele dado por Coleridge, e não há boas razões para usá-lo em outro sentido – deveria ser descartado. O Sr. Eliot admite que tem em mente "um corpo de contornos muito nebulosos" – aqueles de "dons intelectuais e/ou espirituais superiores" que aceitam uma responsabilidade cultural de bases explicitamente cristãs, e de quem "se esperaria uma vida cristã consciente em seu nível social mais elevado". Para os dirigentes do Estado cristão, o Sr. Eliot exigiria apenas uma "conformidade consciente" e um determinado grau de educação cristã (cujo conteúdo o autor não discute) tal que lhes permitisse "pensar em categorias cristãs", pois, como ele muito sensivelmente apontou, "o que determina o comportamento dos políticos é o *ethos* geral das pessoas que eles têm de governar, não sua própria devoção".

Porém, é quando chegamos à grande massa da "comunidade cristã" que a questão que me aflige emerge. Quando o Sr. Eliot afirma que "suas vidas social e religiosa constituem para eles um todo natural, de forma que a dificuldade de se comportar como cristãos não lhes imponha uma pressão intolerável", ele não faz mais que reafirmar a verdade assaz importante enunciada pelo Sr. Maritain há mais de dez anos, qual seja, a de que é função de uma ordem social tornar o mundo, não sagrado (coisa que ordem social alguma é capaz de o fazer), mas "habitável", de modo que o homem não seja "obrigado ao heroísmo" para nele viver uma vida cristã. E é relevante para esse ponto acrescentar, como o faz o Sr. Eliot, que o "comportamento é tão poderoso ao afetar as crenças quanto as crenças o são ao afetar o comportamento"; donde uma ordem em que a maioria possa levar uma vida congruente com valores cristãos é importante não apenas por sua validade inerente, mas em virtude do apoio que dá à Fé da qual, em última instância, tais valores dependem.

O Sr. Eliot, porém, vai além disso. Ele afirma (itálicos meus) que "a *vida religiosa* do povo seria *em grande medida* uma questão de comportamento e conformidade"; e, ainda, contempla "uma comunidade de homens e mulheres que *não são individualmente melhores* do que são agora, *exceto* pela diferença capital da presença da fé cristã". Somos forçados a indagar que relação uma "vida religiosa" dessa qualidade aporta à religião do Novo Testamento. Sem dúvida, a linguagem das Epístolas – "convocados à santidade" –, "a medida da estatura da totalidade do Cristo" – foi endereçada a "comunidades cristãs", em uma situação amplamente diferente da comunidade cristã que o Sr. Eliot conjectura. Uma religião, porém, que exige nada mais do que isso, nada mais elevado, nada mais heroico da massa de seus devotos pode seguramente ser pouco mais que um culto oficial e um código de costumes. "Costumes sociais", afirma o Sr. Eliot, "assumiriam sanções religiosas". Porém, se isso é tudo o que ocorre, a nova cristandade provavelmente repetirá os erros da velha, que levaram a tantos males e que contribuíram para a apostasia da Europa através do fomento da superstição no tegumento eclesiástico, bem como através de uma pronta disposição para tratar a religião como um instrumento para atingir fins sociais. O "relativismo moral" que o Sr. Eliot considera uma nossa fraqueza nacional – assim como a fraqueza que o autor expõe de modo tão eficaz – é meramente a reação recorrente que inevitavelmente espera qualquer religião que se contente em ser considerada como "em grande medida uma questão de comportamento e conformidade"; e admiradores os há, entre os muitos e fervorosos do Sr. Eliot, para quem isso representa a ideia de uma sociedade cristã.

UMA RESPOSTA DE T. S. ELIOT NA *NEW ENGLISH WEEKLY* DE 14 DE DEZEMBRO DE 1939

O Sr. Maurice Reckitt, em sua gentil resenha de meu livro na última edição, levanta um ponto cujo considerável interesse mostra-se por si mesmo. Que ele seja levantado não me surpreende; estou um pouco surpreso, porém, pela crítica vinda desse setor – um setor ao qual sou obrigado a reservar o mais cuidadoso exame. Não obstante, não escrevo como alguém que tem sequer a mais superficial das razões para reclamar, mas em gratidão a um resenhista que faz algo raro: levantou um ponto que é relevante, porém que transcende muito em importância o próprio livro.

O Sr. Reckitt expressa, pelo título de seu artigo, a suspeita de que a sociedade que eu esbocei não seria cristã, mas subcristã. Existem aqui duas questões que não devem ser confundidas: aquela de uma crítica à minha nomenclatura, e aquela de saber se a "sociedade cristã" de meu livro é um ideal demasiadamente pobre para ser digno de mantê-lo em vista. A primeira questão não pode ser inteiramente negligenciada, mas é de pouca importância, exceto com relação à segunda. Quanto à primeira questão, consultei a definição de "pagão" no OED,[1] que parece confirmar minha crença de que o uso

---

[1] Sigla de *Oxford English Dictionary*. (N. T.)

que faço da palavra é ao menos tão justificável quanto o que faz o Sr. Reckitt. Para ele, uma "sociedade pagã" parece significar aquela em que apenas valores materiais, ou valores materiais *e* interpessoais no plano humano, são reconhecidos; para mim, uma "sociedade pagã" é aquela em que os valores espirituais errados são reconhecidos.

O ponto central da diferença, no entanto, não se encontra aí; e eu gostaria de me assegurar primeiro de que o Sr. Reckitt – apesar, ou talvez por causa, de minhas árduas tentativas de deixar claras as limitações que me impus – não me entendeu mal em aspecto algum. Cita-me, o Sr. Reckitt, definindo uma sociedade cristã como aquela "em que o fim natural do homem – virtude e bem-estar em comunidade – é reconhecido por todos, e o fim sobrenatural – a beatitude – por aqueles que têm olhos para vê-lo". Ora, para explicar o que eu quis dizer com isso devo voltar à fonte da expressão. Trata-se de um livro de Marcel Demongeot chamado *Le Meilleur Régime Politique selon Saint Thomas*: estou em dívida direta com o autor e também com suas citações do mestre.

> De. Reg. I, 14: *Videtur autem finis esse multitudinis congregatae vivere secundum virtutem. Ad hoc enim homines congregantur, ut simul bene vivant [...] bona autem vita est secundum virtutem, virtuosa igitur vita est congregationis humanae finis.*[2]

O autor diz um pouco depois:

> *Aristote bornait en effet le bien commun à une vie intérieure purement terrestre, si élevée fût-elle; saint Thomas christianise, en la reprenant, la pensée d'Aristote; sans faire de la vie éternelle la fin propre et directe de la cité, il considère que la vie vertueuse qui en est la fin ne saurait avoir le caractère de fin dernière, mais doit s'orienter elle-même vers la béatitude parfaite; la cité doit au moins créer les conditions sociales qui*

---

[2] "É claro, contudo, que o fim da comunidade é viver virtuosamente. Porque é para isso que os homens formam comunidades, para que possam viver bem juntos [...], e a boa vida é a vida segundo a virtude. Portanto, a vida virtuosa é o fim do agrupamento dos homens." Em latim no original. (N. T.)

permettront le mieux à ses membres de gagner le ciel. "*Non est ergo ultimus finis multitudinis congregatae vivere secundum virtutem, sed per virtuosam vitam pervenire ad fruitionem divinam*" (*De. Reg.* I, 14).³

O Sr. Reckitt estará, nesse ponto, pronto para exclamar que eu adicionei algo próprio a essa concepção de cidade, portanto me apresso em admiti-lo prontamente. O que eu adicionei é simplesmente a admissão de que minha cidade deve encontrar um lugar para os habitantes que não são capazes de reconhecer a revelação cristã. Se minha sociedade, contudo, é uma sociedade cristã, essa parte da população deve ser uma minoria. Terá o Sr. Reckitt, ao ler minha frase, tomado *tudo* como correspondente à "comunidade cristã", e *aqueles que têm olhos para vê-lo* como correspondente à "comunidade de cristãos"? Não foi isso o que eu quis dizer: pretendia que mesmo os intelectualmente menos desenvolvidos devessem, por mais turva que fosse sua visão, reconhecer o fim sobrenatural da beatitude.

Diz-nos o Sr. Reckitt que não consegue "compreender como a aceitação de um 'fim natural' por parte daqueles que nosso autor (como mostra em outra passagem) claramente considera como a grande maioria de qualquer condição que se preveja possa criar uma sociedade cristã". Nesse ponto, estamos certamente de acordo, embora o Sr. Reckitt não pareça pensar assim. Pois se o Sr. Reckitt infere que eu acredito que a aceitação de um fim natural por uma grande maioria pode criar uma sociedade cristã, ele obviamente pensa que caí na mais grosseira heresia. Não creio que o cristianismo germine

---

³ "Aristóteles, com efeito, limitava o bem comum a uma vida interior puramente terrestre, a mais elevada que fosse; Santo Tomás, ao retomar o pensamento aristotélico, cristianiza-o; sem fazer da vida eterna o fim próprio e direto da cidade, ele considera que a vida virtuosa que é o fim dela não teria o caráter de fim último, antes devendo orientar-se ela mesma em direção à beatitude perfeita; a cidade deve ao menos criar as condições sociais que permitirão melhor aos seus membros ganhar o céu. 'Portanto, o fim último da comunidade não é viver segundo a virtude, mas pela vida virtuosa, alcançar a fruição divina'." Em francês e latim no original. (N. T.)

de uma religião natural, antes que seja dado por meio da revelação; e é apenas do ponto de vista cristão que os "fins naturais" podem ser reconhecidos como meramente naturais.

Ainda, no entanto, se o que me parece ser um mal-entendido for deixado de lado, resta ainda uma dificuldade. Com respeito ao que chamei de "a vida religiosa do povo", o Sr. Reckitt observa: "Somos forçados a indagar que relação uma 'vida religiosa' dessa qualidade aporta à religião do Novo Testamento [...]. Uma religião, porém, que não espera mais do que isso, nada mais elevado, nada mais heroico da massa de seus devotos pode seguramente ser pouco mais do que um culto oficial e um código de costumes". Espero que quando o Sr. Reckitt diz *espera*, ele de fato queira dizer *espera*, e não *exige*. Uma religião deve certamente exigir mais do que isso, porém se ela espera mais do que isso, ela provavelmente será enganada. E quando olhamos para o que a Fé Cristã significou e significa, para a massa do povo – ao menos, nos países católicos –, não penso que isso seja ou tenha sido algum dia apenas "um culto oficial e um código de costumes". Quanto à questão de qual relação uma vida religiosa dessa qualidade guarda com a religião do Novo Testamento, ela não é mais do que a questão de qual relação a cristandade algum dia guardou com a religião do Novo Testamento. E quando eu digo "cristandade", refiro-me ao povo que São Paulo repreendeu e advertiu, assim como às populações da Europa na Idade Média e em nossos próprios tempos. A objeção do Sr. Reckitt parece ser a de que eu não espero tanto da minha comunidade cristã quanto espero de minha Comunidade de Cristãos. Há um dilema fundamental do qual não é mais possível para o Sr. Reckitt escapar do que é para mim. Se você concebe sua Sociedade Cristã apenas de acordo com o que sua experiência com os seres humanos e a história dos últimos 1.900 anos lhe diz que é possível, então ela deve permanecer aberta à acusação de ser subcristã. Se você a concebe além da experiência e da história, você está comprometido com planos utópicos cuja impraticabilidade irá expô-lo a reincidir no desespero luterano desse mundo. Não nego a possibilidade de uma sociedade muito mais cristã do que aquela que eu esbocei: pois tudo é possível para Deus. E estou ciente de que não podemos sustentar quaisquer opiniões nesse assunto exceto sob o perigo iminente de cair em uma ou outra heresia: se tomo o risco da destruição no pelagianismo, o Sr. Reckitt teólogo corre o perigo de abandonar o mundo Sr. Reckitt assistente social. O Sr. Reckitt parece supor que ele condenou minha sociedade cristã ao sugerir que ela estará propensa a repetir "aqueles erros da velha [cristandade] que levaram a tantos males e que contribuíram para a apostasia da Europa através do fomento da superstição no tegumento eclesiástico, bem como através de uma pronta disposição para tratar a religião como um instrumento para atingir fins sociais". Mas é claro! Ela estará propensa a repetir todos os erros do passado: eu não tentei esboçar qualquer outra coisa que não uma sociedade humana – quer dizer, uma sociedade que, qualquer nível espiritual que venha a alcançar, estará sujeita, sempre e a qualquer momento, a cair das mãos de Deus.

UMA CARTA DO SR. ELIOT PARA O EDITOR DA *NEW ENGLISH WEEKLY*,
1º DE FEVEREIRO DE 1940

Quando, como o Sr. Reckitt me lembra, eu dei boas-vindas à possibilidade de "uma discussão que deverá ocupar muitas mentes por muito tempo", eu não quis dizer que esperava que as pessoas passassem a discutir meu livro por muito tempo; e escrevo agora não com o propósito de provocar uma nova explosão de correspondências, mas para fazer algumas observações em retrospecto.

Sou grato ao Sr. Reckitt por chamar a atenção a mais de um ponto obscuro em meu fraseado. É sempre possível que uma afirmação que é mal compreendida da mesma maneira por diversas pessoas deva ser reformulada. Portanto, concordo que minha sentença sobre os fins natural e sobrenatural do homem deva ser reescrita, agora que o Sr. Reckitt parece compreender o que eu quis dizer (ou melhor, o que eu não quis dizer) com isso. Em sua carta na edição de 18 de janeiro, o Sr. Reckitt cita duas outras frases que devem ser alteradas.

Já deveria estar claro que eu estava tentando me limitar aos requisitos *mínimos* em uma sociedade antes que ela pudesse ser *chamada* de sociedade cristã; e que eu não estaria necessariamente satisfeito com o que esbocei. Foi, talvez, capcioso falar da uma "comunidade de homens e mulheres que não são individualmente melhores do que são agora", já que eu não fui capaz de deixar claro que o verdadeiro abismo a ser transposto, do ponto de vista adotado ao longo do ensaio, não era aquele entre o indivíduo espiritualmente atrasado e o espiritualmente avançado, mas entre um e outro tipo de atitude coletiva. A dificuldade em minha outra frase, "costumes sociais assumiriam sanções religiosas", é de outro tipo. Eu estava apenas tentando sugerir o que pensava que certamente aconteceria em minha sociedade, não o que eu advogava e aprovava; e indiquei em outra passagem que seria tarefa da Igreja – primariamente no sentido da hierarquia – impedir que tais identificações fossem longe demais.

Eu não quis insinuar, em momento algum, que qualquer cristão, por estar envolvido com trabalhos manuais, ou por qualquer outra razão, estaria "absolvido" da obrigação de rezar e de se aperfeiçoar na vida espiritual. Repito, eu estava preocupado com os requisitos mínimos. Se você diz que meus requisitos eram tão modestos que o resultado – ainda que superior à nossa presente situação – não produziria qualquer coisa que pudesse ser justificadamente chamada de uma "sociedade cristã", posso apenas dizer que acho que você deve abandonar inteiramente a esperança por uma sociedade cristã e limitar seu pensamento às possibilidades de uma comunidade cristã dentro de uma não cristã.

Eu não estou obstinadamente apegado ao termo "pagão", como alternativa a "cristão". E ficarei satisfeito se alguém me indicar outro melhor: queria evitar, tanto quanto pudesse, usar (ou melhor, abusar) o termo "secular".

Ensaio 2 | Para uma Grã-Bretanha Cristã

FALA TRANSMITIDA PELA BBC EM UMA SÉRIE
CHAMADA *A IGREJA OLHA PARA A FRENTE* E
IMPRESSA NO *LISTENER* DE 10 DE ABRIL DE 1941

No ponto em que entro nesta discussão, posso partir do pressuposto de que uma Grã-Bretanha cristã é desejável. Porém, concordar que uma coisa é desejável não é o mesmo que desejá-la; e se vamos considerar seriamente a ideia de uma Grã-Bretanha cristã, podemos também considerar antecipadamente que objetivo extraordinário é esse e quão diferente é de qualquer um dos tipos de reforma ou de revolução que os homens costumam empreender. Em primeiro lugar, é pouco provável que qualquer um de nós, se fôssemos agora transportados a essa Grã-Bretanha cristã, se encontrasse perfeitamente à vontade nela. Trata-se de algo que demanda uma mudança interior do indivíduo, assim como uma mudança externa da sociedade. Eu posso, é claro, imaginar uma sociedade bastante diferente e muito mais agradável do que aquela em que vivo hoje, enquanto suponho que eu serei o mesmo Tom, Dick ou Harry em tal sociedade. Sei que eu teria de ser diferente também; porém, ver esse eu transformado com toda a clareza está além do escopo da imaginação. Devemos reconhecer que uma Grã-Bretanha cristã demanda sacrifícios de todos – o sacrifício de desejos mesquinhos, triviais e egoístas; e que aquilo para o que nos preparamos para com ela ganhar não é apenas algo que desejamos agora, mas uma mudança e um aperfeiçoamento de nosso desejo e de nossa vontade presentes.

Junto a essa ideia, há uma questão que gostaria de lhes apresentar para que considerem depois de me terem ouvido. A questão de que falo é a seguinte: o que podemos fazer para ajudar a construir uma Grã-Bretanha cristã? Se você não considerar o que é possível, não saberá o que pedir, e ficará insatisfeito com o que quer que eu diga. Se eu propuser certas coisas específicas que podemos fazer, elas provavelmente lhe parecerão assaz inadequadas ante a magnitude da tarefa: se eu tentar evitar esse tipo de anticlímax, posso deixá-lo com a impressão de que expressei apenas agradáveis platitudes que não nos levaram a lugar algum. Não quero oferecer apenas algum projeto de reforma mundana que não necessitaria do cristianismo para fazê-la parecer desejável. E não quero falar aquela língua de aspiração espiritual que não é mais do que palavras. Se você perceber, no entanto, que preciso tentar evitar ambas essas armadilhas, estará facilitando as coisas para mim.

A maneira mais simples de começar, creio, é esta. Reconhecemos três tipos de deveres cristãos: o dever para com Deus, o dever para com o próximo e o dever para consigo mesmo. O primeiro pode ser representado pela adoração, o segundo, pelo esforço da justiça social, e o terceiro, por uma moralidade pessoal e privada. Contudo, basta refletir por um momento para compreender que cada tipo de dever implica e, em certo sentido, abrange os demais, e que nenhum deles está completo caso não englobe os outros. Não estamos cumprindo nosso dever para com Deus se somos indiferentes à injustiça social, ou se negligenciamos nosso próprio desenvolvimento moral e espiritual; não podemos cultivar verdadeiramente nossa própria natureza moral e espiritual e permanecer indiferentes a Deus e aos outros homens; e finalmente, não podemos construir uma ordem social cristã se negligenciamos a adoração ou menosprezamos o dever de autoaperfeiçoamento. Isso é óbvio; porém, na prática sempre tendemos a enfatizar um dever e negligenciar os outros, e dessa assimetria nascem muitos dos nossos problemas.

Durante a segunda metade do século XIX e os primeiros anos do século XX, escreveu-se muito encorajando a reforma social, e muito foi efetivamente feito. As pessoas tendiam a pensar que os problemas desse mundo poderiam ser todos resolvidos em termos deste mundo – exceto quando assumiam indiferentemente que Deus não pretendia que os resolvêssemos de modo algum. E quanto à fé cristã, suas demandas pareciam, para a maioria, se satisfazer por certas observâncias: pelo código moral das pessoas respeitáveis, frequentadoras da Igreja, contribuições à caridade, possivelmente orações familiares. Porém, a política era a política, e os negócios, os negócios. Hoje em dia, adotamos o ponto de vista de que somos, cada um de nós, responsáveis de alguma forma pelo tipo de sociedade em que vivemos. Portanto, ao lado dos numerosos planos seculares para endireitar o mundo, tem crescido um conjunto considerável de crítica cristã à ordem social e econômica que herdamos e uma ampla sensação de responsabilidade cristã em questões de justiça social.

Tal nova ênfase era muito necessária; devemos ter em mente, no entanto, que jamais realizaremos nossos objetivos sociais cristãos se os cultivarmos negligenciando nossos deveres para com Deus e nossos deveres para conosco. A antiga vida cristã, das orações familiares, é hoje impopular, e era frequentemente perfunctória e pouco atrativa; mas ela insistia na importante verdade de que a vida cristã começa na família. Ela era habitualmente defeituosa de duas maneiras: primeiro, ao ensinar a moralidade como um fim em si mesmo, ou como um conjunto de proibições, no lugar de uma condição necessária do progresso em direção à perfeição espiritual, que é o objetivo cristão. Segundo, ao falhar em dar o exemplo ao pensamento cristão: ao assumir que a fé era algo a ser preservado, se possível, desde a infância, e não algo a ser desenvolvido ao longo da maturidade. Isso soa como se eu estivesse pedindo muito dos pais cristãos; contudo, apenas parece excessivo porque agora tendemos a esperar demais dos professores. E há algo essencial para um começo de vida cristão que o lar, e somente o lar, pode oferecer: a influência de uma atmosfera cristã desde os primeiros anos. As crianças são mais influenciadas pelo que seus pais são do que pelo que seus pais lhe dizem para ser. Então o mais importante não é que os pais ensinem o cristianismo a seus filhos, mas que eles sejam pais cristãos.

Ora, mencionei o "pensamento cristão", e quero explicar o que quis dizer com isso. Tomem-se os cinco pontos recentemente apresentados por sua santidade, o papa, e os cinco pontos suplementares dos arcebispos, do cardeal-arcebispo e do moderador. Como quase todas as pessoas podem aceitá-los, podemos ignorar a possibilidade de lhes dar diferentes interpretações, e aceitá-los apenas em nossos próprios termos. Fará uma enorme diferença o quanto frases como "as leis de Deus", "vocação divina" e "as dádivas de Deus para o mundo inteiro" significam para vocês. O significado pleno é tremendo. Se, no entanto, elas lhes soam como citações familiares, como algo que, para compreender, vocês não precisam fazer um novo esforço, elas provavelmente se perderão em vocês. Esse é um exemplo do que eu quero dizer com a necessidade de um pensamento cristão. Precisamos saber o que é aquilo que professamos acreditar, e sem cuja crença não somos cristãos. Devemos conhecer os dogmas de nossa fé – e se vocês não sabem o que é um dogma, ou não sabem por que ele é de vital importância, então a primeira coisa que vocês podem fazer para ajudar a construir uma Grã-Bretanha cristã é descobri-lo. Pois, caso contrário, seu pensamento social dificilmente será particularmente cristão. Um sentimento cristão não é suficiente. Mas, em si, ele pode nos levar a supor que cumprimos nossos deveres sociais se apoiamos qualquer esquema ou reforma que parece ter objetivos humanos e generosos. Ou pode nos levar a supor que qualquer programa elaborado por cristãos é necessariamente um programa cristão. Nosso assim chamado programa cristão pode ser apenas um programa secular aquecido pelo calor do sentimento cristão – ou talvez apenas iluminado pela fria luz das frases cristãs.

Ora, há certos princípios da conduta cristã, da moralidade social assim como da privada, leis do certo e do errado para pessoas em cargos de autoridade e para pessoas subordinadas. Tais princípios são verdadeiros para o cristão em todos os tempos e em todos os lugares para todos os povos. Alguns deles são apresentados nas encíclicas de Leão XIII e Pio XI, que constituem textos essenciais para os pensadores sociais cristãos de todas as denominações. Foi frequentemente observado, no entanto, que princípios de tal validade universal dizem-nos mais claramente o que é errado, e não como corrigir o erro. Isso está na natureza das coisas. Há muito mais acordo entre os pensadores sociais cristãos de diferentes nações do que se esperaria encontrar; e se as pessoas estivessem preparadas para levar a sério o que tais homens têm dito, isso levaria a profundas mudanças sociais. Porém, assim como cada um de nós tem de tomar suas próprias decisões em sua vida privada, também cada nação tem de decidir – e o que é bom para uma nem sempre é bom para a outra. Mesmo sem levar em conta a fragilidade humana, não podemos esperar que indivíduos ou nações diferentes comportem-se exatamente da mesma forma: devemos respeitar suas diferenças assim como suas semelhanças enquanto filhos de Deus. Há outro problema na reforma social, contudo, que devemos ter sempre em mente. A cooperação entre cristãos e não cristãos não é apenas possível, ela é necessária. Mas aqui entra nosso pensamento cristão: devemos tentar ser claros quanto à finalidade de nossa cooperação e quanto à exata importância ou não de nossas diferenças. Não devemos confundir o bem absoluto com o bem relativo: devemos lembrar que temos uma visão da natureza diferente daquela dos não cristãos, e que temos uma concepção diferente do destino do homem. Devemos cooperar, mas não capitular. Devemos nos lembrar de que não existe atalho para uma Grã-Bretanha cristã.

Isso me leva a meu último ponto. Falei de nosso dever para com Deus, de nosso dever para com o próximo e de nosso dever para conosco. Há também nosso dever para com a Natureza; porém, para meu atual propósito ele pode ser incluído em nosso dever para com Deus. Afirmei que não podemos cumprir um desses deveres propriamente sem cumprir os demais. Se nosso esforço é unilateral, podemos, por um lado, ser bem-sucedidos em aumentar o número de cristãos na Grã-Bretanha, e por outro, podemos criar uma Grã-Bretanha em que existam mais e melhores possibilidades para que as pessoas sejam cristãs. Porém, uma Grã-Bretanha cristã precisa de mais do que isso. E mesmo se nos decidirmos a cumprir com todos os nossos deveres cristãos, ainda há algo faltando em nosso cenário. Falei até agora somente do aspecto da vontade humana, e sem dúvida, a menos que busquemos, não encontraremos. Não devemos, no entanto, esquecer-nos de Deus, sem o qual não podemos fazer nada de valor, mas com quem podemos fazer tudo. É impossível fazer um esboço de uma ordem cristã, porque não podemos fazer com que Deus caiba em um esboço. Um antigo orador lembrou-nos do fracasso do homem moderno em fazer de seu mundo um sucesso sem Deus; o inverso é lembrarmo-nos do que podemos fazer confiando em Seu poder confortante e buscando compreender Sua vontade. O esforço humano, sozinho, somente pode produzir uma observância sem vida de regras individuais e comunais de devoção, e em sociedade uma estrutura cristã sem um conteúdo cristão. Devemos estar seguros de que contamos com Deus, e não apenas cobrindo mais uma ambiciosa maquinação humana com as vestes do cristianismo. Sem humildade, submissão e amor nada é possível. Nossa ambição de criar uma Grã-Bretanha cristã é a maior que podemos alimentar. Em virtude de sua grandiosidade, sabemos que ela está além de nossa capacidade enquanto seres humanos, e esse conhecimento não deveria trazer desânimo, antes, uma esperança ainda maior. Uma Grã-Bretanha cristã não implica apenas conversão, mas a conversão da consciência social. Ela aparecerá na vida dos profetas – homens que não apenas mantiveram a fé através dos tempos sombrios, mas que sobreviveram à mentalidade dos tempos sombrios e a superaram. Os profetas cristãos não são sempre reconhecidos em suas vidas; ou podem ser apedrejados, ou assassinados entre o templo e o altar – mas é por intermédio deles que Deus trabalha para converter os hábitos de sentir e pensar, de desejar e querer, de que somos todos mais escravos do que percebemos.

Terminarei dizendo algo sobre uma testemunha cristã de nosso próprio tempo, de quem vocês podem jamais ter ouvido falar. O nome de Charles de Foucauld, um padre francês que morreu na África Setentrional em 1916, não é um nome muito conhecido na Grã-Bretanha, embora sua biografia, escrita por René Bazin, tenha sido traduzida. Gostaria que todos lessem esse livro, porque não posso, em um breve relato dessa vida extraordinária, lhes dar qualquer ideia de sua qualidade espiritual. Foucauld foi um homem nascido para a riqueza e a boa posição social; ele abandonou uma vida de prazer e devassidão, primeiro para viajar sob o disfarce de um humilde comerciante judeu, com caravanas em territórios inexplorados e ainda não subjugados no Marrocos francês e na Argélia. Com sua vida em constante perigo, ele foi capaz de tomar notas e fazer pesquisas que se provaram de grande valor para a administração. Ele descobriu, então, a vocação para a vida religiosa, viveu por um longo período entre as comunidades mais austeras, fez peregrinação como mendicante até a Terra Santa e, finalmente, ordenado padre, tornou-se missionário em um solitário posto avançado africano. Ele se qualificou para oferecer ajuda médica à tribo. Porém, o ponto é que ele era algo mais do que um bom missionário, notável como é a profissão. Seu objetivo não era essencialmente converter pela educação, mas viver uma vida cristã, sozinho entre os nativos. O povo de países islâmicos reconhece e venera a santidade, não importando a religião do santo; e o nome do padre Foucauld era reverenciado em todo lugar, não apenas entre seus convertidos, mas entre fanáticos muçulmanos. Quase por acidente, ele foi morto enquanto fazia suas orações em 1916 por um bando de saqueadores que desconheciam seu nome e reputação.

Essa não é, como julga o mundo, uma vida de notável sucesso. No entanto, se vocês lerem sua biografia, concordarão, creio eu, que através do misterioso poder da santidade, que é o poder de Deus, ele realizou algo pelo mundo que deveria fazer com que nos sentíssemos muito modestos em nossos esquemas e planos. Penso que é por intermédio de homens como Foucauld que surge uma consciência cristã renascida; e creio que, do ponto de vista que devemos adotar, não há glória maior para um império cristão do que aquela que foi realizada aqui por uma morte no deserto.

Ensaio 3 | Virtude Cristã e Virtude Natural

PARTE DO *CHRISTIAN NEWS-LETTER*
DE 3 DE SETEMBRO DE 1941

Penso frequentemente que talvez tenhamos a tendência para estabelecer o compromisso cristão com o mundo – pois alguma concessão tem de ser feita – pelos motivos errados. Talvez levemos ao extremo a suposição de que um pouco de cristianismo em todas as partes é melhor do que uma vida inteiramente cristã da parte de alguns – como se a ação do fermento na massa pudesse ser realizada definitivamente, depois do que não precisaríamos mais de fermento. Não é irrelevante ou sem significância, creio, que existam sinais de uma atitude semelhante com relação à cultura e às artes: que certo grau de refinamento das maneiras e da sensibilidade que não pode ser alcançado por todos deva ser considerado supérfluo e antissocial; e que obras de arte que não podem ser desfrutadas por todos devam ser condenadas – muito embora haja evidência de que a arte popular é continuamente fertilizada e renovada pela alta cultura. (Citaria como exemplo os pôsteres e o recente *Fantasia* do Sr. Disney.) Essa forma de igualitarismo é destrutiva tanto para a cultura quanto para o cristianismo. Uma virtude cristã completa não pode existir sem uma completa crença cristã: há, porém, uma virtude natural, sobre a qual cristãos e não cristãos podem concordar.

Que a virtude natural deva ser apresentada como virtude cristã é algo que tem consequências lamentáveis em ambas as direções. Por um lado, as virtudes especificamente cristãs são negligenciadas; por outro, quando os padrões de comportamento que deveriam ser aceitos por todos são retratados como cristãos, pode parecer àqueles que não são cristãos que eles não têm nenhuma aplicação em seu caso. Este país, como alguns outros, já sofreu gravemente com o declínio da crença e da conduta cristãs: porém, se nos voltarmos para os vinte anos entre as guerras, ficamos inclinados a afirmar que houve lapsos, não apenas do cristianismo, mas das virtudes comuns, sociais e pessoais, sem as quais nenhuma sociedade, cristã ou não, pode sobreviver. Não há, por exemplo, nada particularmente cristão na capacidade de liderança responsável na vida pública.

Entre as virtudes naturais cujo lugar ainda não foi determinado devo incluir o *patriotismo*. Falo dele como sendo fundamentalmente uma virtude, embora seja óbvio que ele pode facilmente transformar-se nos vícios do nacionalismo, do imperialismo no mau sentido e do orgulho e da cupidez coletivas: ele pode, além disso, ser um manto para o egoísmo individual ou regional. Tais associações são tão patentes que a palavra em si parece estar, para muitos, ligada a ódio e suspeição – embora o adjetivo "antipatriótico" jamais tenha, tanto quanto sei, adquirido qualquer sentido que não fosse fortemente condenável. Há outra razão pela qual nos esquivamos da palavra, neste país, e trata-se de uma questão de boas maneiras: sentimos que essa é uma qualidade que deve ser tomada como certa, e não discutida – embora essa reticência particular possa ser parcialmente o resultado de mais de um século de sucesso e segurança. Não obstante, é um sentimento permanente, que, para o bem e para o mal, não pode ser exorcizado: ignorá-lo é arriscar uma futura explosão; tanto para nós, em nossos esquemas para a federação do mundo, quanto para nossos inimigos, em seus esquemas de dominação. Ele inclui o apego ao ambiente natural e ao que foi construído, ao lugar e às pessoas, ao passado e ao futuro; o apego de um povo à sua própria cultura, e à habilidade de fazer contribuições específicas e voluntárias à cristandade e ao mundo. O patriotismo é uma lealdade que requer o equilíbrio com outras lealdades. Temos, no nível pessoal, um apego às pessoas que nos são semelhantes entre as outras nacionalidades: aos amigos estrangeiros, caso os tenhamos; e no caso de sermos homens da ciência, da arte ou da academia, aos nossos colegas em outros países. Há uma lealdade mais ampla à justiça. E, finalmente, há para os cristãos a maior e mais forte das lealdades, que, como a lealdade à justiça, porém com autoridade ainda maior, pode levá-los a um conflito com a concepção de patriotismo prevalecente no momento. A mais elevada das lealdades, porém, não suplanta o patriotismo, senão o refina: e o patriotismo de um cristão deve ser algo mais excelente do que o de um não cristão, ainda que permaneça uma virtude comum, e com ele partilhada. O simples falar desse assunto em um tempo em que tanto autossacrífício heroico tem se manifestado pode parecer, à primeira vista, uma impertinência; mas não estou exortando o povo a ser mais patriota, senão sugerindo que podemos pensar sobre o lugar do patriotismo na vida cristã.

Ensaio 4 | Liberdade em Tempo de Guerra

PARTE DO *CHRISTIAN NEWS-LETTER*
DE 21 DE AGOSTO DE 1940

Um dos problemas perenes do pensamento cristão é o das distintas, e frequentemente conflitantes, reivindicações de liberdade e ordem; ou ainda, de liberdade e justiça social. As dificuldades do problema jamais são mais agudas e desconcertantes do que em tempos como o presente. Quando a nação está engajada em um esforço vital, que renova o sentimento de comunidade, a injustiça social fica mais patente e mais intolerável, demandando controle das ações de alguns em nome do interesse de todos. Ao mesmo tempo, nosso zelo para com nossas liberdades, nosso medo de consentir com a mesma servidão imposta pelo regime contra o qual lutamos, se tornam mais sensíveis. Nunca é fácil determinar o que são liberdades essenciais, o que são liberdades relativas e o que são apenas privilégios e indulgência: as circunstâncias alteram nossas classificações. O medo da anarquia e o medo da tirania podem nos levar cada qual a extremos. Exemplo disso é o clamor contra o uso de investigadores (os assim chamados "*snoopers*") pelo Ministério da Informação – uma forma de inquérito que, em todo caso, não parece ter sido introduzida pelo atual ministro. A discussão sobre se os métodos são corretos, e os resultados úteis, deve ser objeto de um exame desapaixonado. Não vi nem métodos nem propósitos serem criticados com seriedade, mas o ministério tem sido alvo de protestos que dão a impressão de que tinha em vista a criação de uma Polícia Secreta.

A insistência do problema da liberdade levou-me a ler com atenção redobrada a recente brochura de Sir Norman Angell, *Why Freedom Matters*, publicada pela Penguin. Para lidar com o assunto em 134 páginas, Norman sabiamente limita o escopo do trabalho. Ele se restringe à "liberdade suprema e fundamental" – ou seja,

> a liberdade para conhecer, a liberdade de pensamento, de opinião, de discussão; o livre acesso às matérias-primas do pensamento e da discussão, ao conhecimento, particularmente ao conhecimento de fatos relativos a políticas exercidas pelos governos: liberdade para saber o que nossos governantes estão fazendo com nossas vidas, liberdade para discutir os fatos através da fala ou da escrita; a liberdade descrita por Milton como "a liberdade de saber, de se expressar e de debater livremente, de acordo com a consciência, que está acima de todas as liberdades".

Tais sentimentos são irrepreensíveis; porém não são fáceis de aplicar. O acesso universal ao conhecimento (com o que o autor parece querer dizer informação) admite como certo um público não necessariamente de santos, mas ao menos de Sir Norman Angells, detentores de uma mente altamente treinada. O conhecimento requer um conhecedor, bem como fatos a serem conhecidos: a questão da oferta de conhecedores implica todo o problema da educação. O problema da "liberdade de pensamento" está relacionado ao problema de como prover pessoas que podem pensar livremente – e com sabedoria. Trata-se de um problema educacional; mas o primeiro problema da educação é determinar quais direitos devem ser concedidos e quais deveres devem ser impostos aos pais; e esse também é o primeiro problema da liberdade.

Não estou dizendo que não concordo com o teor geral do argumento de Sir Norman Angell em favor da liberdade de expressão. Um argumento cristão, todavia, teria de levar em conta muitos outros fatores de que Sir Norman não trata, tais como os problemas da educação e dos direitos e responsabilidades parentais, há pouco mencionados. E se não chegasse a ir tão longe, concentrar-se-ia nas liberdades particulares, contentando-se em dizer: aqui e aqui a liberdade está sendo infringida, tratemos de defendê-la.

Consideremos um problema particular da liberdade e da ordem. Em nossa Carta nº 41, o Editor comentou a ação do Conselho da Cidade de Nova York[1] rompendo o vínculo contratual com todos os funcionários municipais que se declarassem objetores de consciência.[2] Deveríamos acrescentar que uma firme carta de protesto contra essa ação apareceu no *Yorkshire Evening Press* de 2 de agosto, com as assinaturas de onze ministros da Igreja Livre daquela cidade. Tal declaração é muito bem-vinda.

Não obstante, há uma possível fonte de animosidade contra os objetores de consciência que deve ser discutida livremente para que não ganhe força em canais subterrâneos. Para diversos dos nossos correspondentes, parece injusto que tais indivíduos, fisicamente capazes e em idade militar, mantenham seus empregos de tempos pacíficos, sob as mesmas condições e desfrutando da mesma renda, enquanto seus contemporâneos estão sendo recrutados em serviços novos e frequentemente hostis, com escassos vencimentos e correndo risco de vida. Tal inequidade, sem dúvida, causará um maior descontentamento nas famílias dos homens em serviço do que neles próprios: as mulheres podem ser diária e amargamente lembradas da diferença entre a situação em que elas e seus filhos se encontram e aquela das famílias dos objetores de consciência. Tais considerações podem ter influenciado os membros do Conselho da Cidade de Nova York e os levado, na tentativa de remediar uma injustiça, a cometer outra.

Quanto à inequidade financeira, talvez seja possível remediá-la mantendo os objetores em seus postos, porém com um salário reduzido durante o período da guerra, levando-se em consideração

---

[1] Equivalente à Câmara de Vereadores. (N. T.)

[2] Indivíduo que, por razões de ordem religiosa ou estritamente pessoal, recusa-se a tomar parte em conflitos bélicos, ou mesmo a prestar o serviço militar. (N. T.)

qualquer padrão de vida mais alto do que o de um soldado raso, que seus inúmeros empregos impõem: isso, novamente, seria justo apenas se a diferença em seus salários não fosse retida por seus empregadores (quer públicos, quer privados), mas alocada a alguma causa pública. Quanto aos objetores acima da idade militar, considero que suas opiniões, desde que eles não as façam públicas e não sejam culpados por tentar instigar desavenças, são assunto que diz respeito apenas a eles mesmos. Quanto àqueles que estão em idade militar e que foram formal e legalmente dispensados, e a menos que eles estejam em posição tal que possivelmente venham a causar algum dano, não há nada que possa ser dito para despedi-los. Em um nível inferior àquele da justiça pura, isso pode ser censurado por causar dano à nossa reputação nacional por tolerância e generosidade; em um nível ainda mais inferior, em tempos de extremo esforço nacional, não faz sentido algum destituir os homens de trabalhos em que eles são úteis e condená-los à assistência pública ou à fome.

Seria bom também se pudéssemos considerar o problema da justiça, no que diz respeito aos objetores de consciência e àqueles que aceitam a obrigação de prestar o serviço militar, em um contexto mais amplo de justiça social. "Para cada um de acordo com sua necessidade", o *Times* nos lembrou recentemente, como no velho lema; e a questão maior (particularmente premente em tempos de emergência nacional) é saber até que ponto as desigualdades de renda devem ser permitidas, exceto quando representem diferenças nas necessidades ou nos serviços prestados à causa da nação e da humanidade. Existe ao menos um tipo de injustiça com que, creio eu, todos os membros da comunidade devem concordar, quaisquer que sejam suas convicções, e essa é a injustiça de que seja permitido a qualquer um fazer fortuna com negócios diretamente resultantes da guerra.

Os tribunais têm uma tarefa muito difícil, e não importa quão precisamente a lei tenha sido definida, as qualificações importantes para aqueles que neles se sentam ainda seriam a simpatia e a compreensão, a habilidade de respeitar a sinceridade assim como a habilidade de desmascarar a fraude. A falta de rigor deve ser censurada, porém a influência da opinião pública deve ser exercida. Um juiz em certo tribunal disse a um objetor: "Este recinto ficará mais agradável depois de sua partida". Temos mais simpatia por um preocupado juiz de outra cidade, que reclamou que os requerentes "explodem em uma série de processos mentais" – uma forma de ataques talvez desconhecida naquela tribuna. Quando o requerente é um cristão, tanto ele quanto a magistratura deveriam receber, e por vezes recebem, a assistência e o conselho de seu clérigo ou ministro.

Enquanto o protesto universal contra os escândalos ligados a confinamentos e as respostas imediatas do governo à opinião pública são sintomas gratificantes, não podemos permitir que se considere que todo o problema do confinamento e de deportação está resolvido definitivamente. Devemos lembrar que foi causado um dano que levará tempo para ser corrigido, e que alguns prejuízos graves jamais poderão ser reparados. Não é apenas uma questão de libertar aqueles que a nação pode usar, mas todos aqueles, úteis ou não, que não são inimigos da nação; e não é apenas uma questão de libertá-los, mas de libertá-los para algo melhor do que morrer de fome. Um entendimento de sua posição ainda não é universal. Uma carta que temos de um correspondente que foi confinado e libertado é muito equilibrada e razoável em seu tom, e não reclama de maus-tratos, mas sugere que alguns dos oficiais em campo trabalhavam sob concepções errôneas elementares, implicando um equívoco ainda mais profundo sobre a natureza dessa guerra. Um deles declarou: "Eu não sabia que tantos judeus eram nazistas!". E outros também pareceram pensar que os prisioneiros eram todos defensores do atual regime alemão – ou ao menos leais a ele.

Ensaio 5 | A Diversidade da Opinião Francesa

PARTE DO *CHRISTIAN NEWS-LETTER*
DE 28 DE AGOSTO DE 1940

É possível que muita gente neste país tenha formado a impressão de que a França católica mostrou-se reacionária, derrotista e antibritânica; que acredita, em resumo, que a França católica está adequadamente representada pelo marechal Pétain. Tais opiniões deveriam ser contestadas desde o início. Não posso esperar que qualquer defesa da França católica e cristã seja admitida por aqueles que sustentam que a Igreja da Inglaterra, e, aliás, também a Igreja Romana na Inglaterra e todas as outras Igrejas são dominadas por leigos reacionários e por um clero ainda mais reacionário. Contudo, talvez aqueles que estejam cientes da variedade das visões sociais contidas na comunidade eclesiástica da Inglaterra estejam dispostos a creditar a existência de alguma variedade na França, uma nação no seio da qual florescem as mais extremadas opiniões políticas, e com uma animosidade muito mais violenta do que costuma acontecer aqui.

Não tenho nenhuma fonte privada de informações sobre os eventos recentes na França, e a opinião pública é escassa. Mas o temperamento do povo francês, e suas divisões, não pode ter mudado completamente em poucas semanas; ademais, os eventos desse verão foram preparados, como podemos ver em retrospecto, pelos eventos dos últimos vinte anos ou mais. De fato, sempre existiu uma ala de extrema direita católica, mas também um catolicismo do povo – este último de todo democrático e republicano em sentimento, mas não, é claro, comunista. Sobre o catolicismo do povo, a Sra. Barbara Ward, em um bem-informado artigo no número de agosto do *Christian Democrat*, traz um ponto de grande importância: o fato de que devoção católica é mais forte não tanto entre os camponeses, os herdeiros da Revolução Francesa, que, especialmente no sudoeste, tendem a um radicalismo livre-pensante tingido de um ceticismo cínico, mas entre os trabalhadores industriais. Estes últimos, é claro, estão mais densamente estabelecidos no nordeste: é, portanto, a parte mais católica da França que está sob o julgo alemão. É entre esses grupos industriais – que se estendem até a Bélgica – que organizações populares religiosas e beneficentes como a "JOC" (os Jocistas, ou Jeunesse Ouvrière Catholique[1]) enraizaram-se. A expressão intelectual do cristianismo, aliada a visões sociais progressistas, apareceu nas páginas do *Esprit* e de diversos outros periódicos cristãos mas não clericais: o *Esprit*, ao menos, ainda estava sendo publicado muito recentemente. Tais revistas debatiam livremente assuntos de sociologia cristã, e mereciam a atenção de todos os reformadores cristãos no país.

Quanto ao catolicismo de direita, o termo compreende uma variedade maior de tendências e antecedentes do que a Sra. Ward, no artigo citado, consegue nos transmitir. Ela fala dele como tendo encontrado um veículo de expressão no *Action Française*[2] (um nome que se refere tanto a um movimento político quanto a um jornal diário por meio do qual tal movimento se propagou). Porém, a figura mais importante nesse grupo era Charles Maurras: um homem de letras de classe média e livre-pensador do Sul. Enquanto prosador e estilista da língua, Maurras é inquestionavelmente um mestre, e merecia sua eleição à Académie Française;[3] enquanto pensador político, ele realizou, em seu tempo, consideráveis contribuições; todavia, há

---

[1] Juventude Trabalhadora Católica. (N. T.)

[2] Ação Francesa. (N. T.)

[3] Academia Francesa. (N. T)

que notar que, em matéria de estilo, ele era discípulo de Voltaire, Renan e Anatole France; já enquanto pensador político, era discípulo do positivismo de Auguste Comte, e não de católicos como Bonald e Joseph de Maistre. Maurras – que, ouço dizer, defende o regime Pétain – é um homem de uma mente poderosa, porém estreita, que costumava odiar a Alemanha, antipatizava (ao menos que minhas suspeitas estivessem erradas) com a Inglaterra; e que, por causa de suas origens sulistas provençais, era fortemente pró-italiano no caso dúbio da "cultura latino-mediterrânea". Como a maioria em seu grupo, ele estava mal informado sobre os assuntos internacionais, e não sabia o bastante sobre a Inglaterra para compreender a política britânica, quer boa, quer má. O único homem nesse grupo com algum entendimento das relações internacionais era Jacques Bainville, um escritor de uma mente brilhante e lúcida, cuja morte prematura deve ser muito lamentada, mas que era, como Maurras, um livre-pensador e um produto da burguesia pós-Revolução.

A atitude de Maurras em relação à Igreja era simples: não se pretendia cristão, mas apoiava a Igreja como instituição social garantidora da estabilidade. Quantos dos católicos hereditários das velhas famílias ele era capaz de atrair, não sei dizer. Na época em que o conheci pessoalmente, assim como a seu círculo, creio que seus adeptos eram mais propriamente das classes média e média baixa. Ele travava, é verdade, uma incessante batalha jornalística contra a corrupção política – um tanto indiscriminadamente e com uma violência excessiva. Os mais pios da aristocracia monarquista podem ter hesitado em se associar com esse agnóstico declarado que falava abertamente de sua falta de fé. Ele, por outro lado, com uma ingenuidade honesta, não via razões para que os católicos não o apoiassem se ele os apoiava; e quando seu movimento foi condenado, e seu jornal posto no *Index* por Pio IX, em 1927, estou certo de que ele ficou genuinamente surpreso. (A interdição foi depois suspensa, com base, creio, em certas garantias fornecidas; mas ele jamais atraiu de volta católicos inflexíveis como Jacques Maritain e Georges Bernanos.) Ao impor essa censura, o papa fazia mais do que simplesmente reafirmar a política de reconciliação com a República introduzida por Leão XIII; ele estava condenando uma heresia que afirmava que apenas uma forma de governo, a monárquica, era compatível com o catolicismo. Talvez também condenasse uma perigosa intolerância que reunia judeus, protestantes e maçons em uma única e abrangente condenação. Defendi o jornal *Action Française* quando ele foi posto no *Index*; minha defesa *particular* pode ser válida ou não; mas acredito que o papa entendia melhor suas tendências. Havia razão para a insatisfação com o periódico também em bases seculares: não apenas seu tratamento insatisfatório das relações internacionais, mas sua falta de consideração para com a importância da economia.

A *Action Française* é um movimento de homens da classe média de mentalidade pós-Revolução. Até tempos recentes, no entanto, ela se manteve distante de movimentos explicitamente fascistas, tais como o Croix de Feu.[4] Mas minha razão para escrever sobre ela tão extensamente é que "extrema direita" é um termo que inclui pelo menos três elementos: as famílias aristocráticas que se mantiveram católicas e, sobrepondo-se a elas, as famílias militares; certo número de ideólogos da classe média, tanto não católicos quanto neocatólicos; e, finalmente, um grupo bastante distinto, composto de financistas e grandes industriais que acreditam que seus interesses residem nessa quadra do jogo político. Isso certamente inclui um número de eclesiásticos – porém os eclesiásticos franceses diferem em suas visões, assim como os homens comuns e os eclesiásticos ingleses. Há sem dúvida muitos católicos que estão bastante desinteressados e honestamente enganados, que terão tempo de se arrepender mais tarde de uma simpatia pela Itália que contribuiu apenas para pôr seu país sob o poder da Alemanha: em um tempo de tanta confusão política, desculpas há

---

[4] Cruz de Fogo. (N. T.)

para um erro honesto. A opinião, porém, é muito diversa, e podemos oferecer como prova dessa diversidade a grande discordância entre os católicos sobre a guerra na Espanha. Um grupo da direita (incluindo inúmeros da hierarquia) lançou um manifesto em favor de Franco; os comunistas, juntamente com alguns liberais, apoiaram uma declaração em favor da República; mas um grupo dos mais eminentes católicos, incluindo Maritain e François Mauriac (e que ainda incluía, se não me falha a memória, inúmeros protestantes também) fez uma proclamação de admiráveis justeza e caridade cristãs, que lhes rendeu a antipatia tanto da direita quanto da esquerda. Não devemos esquecer, tampouco, aqueles grandes escritores católicos, como Charles Péguy e Léon Bloy, que uniram uma devoção calorosa a uma paixão pela justiça social; ou o admirável trabalho em teologia e filosofia cristã que a França produziu nos últimos vinte anos, tais como os devotos estudos de Père Lallemant. A Igreja na França está mais bem representada por esses scholars e pelos trabalhadores Jocistas sob a opressão alemã do que por alguns distintos militares que, devemos acreditar, foram honradamente enganados.

Deixei pouco espaço para traçar a comparação que se insinua. Devemos à nossa aliada a tentativa de compreender sua força e sua fraqueza, e precisamos dessa compreensão se quisermos contribuir para delinear o futuro da Europa. E devemos isso a nós mesmos, porque nos ajudará a avaliar nossa própria situação. Ainda não há neste país paralelo algum com a violência e a extremidade das divisões políticas na França – divisões que anularam temporariamente o patriotismo francês, mas que não podem extirpá-lo. Neste país há uma base mais sólida para a unidade no patriotismo; aqueles que precisam restaurar sua confiança quanto a esse ponto devem ler um artigo, no *World Review* de agosto, do Sr. J. B. Priestley – cujas conversas transmitidas pelo rádio fizeram tanto para articular nossa fé na Inglaterra atual, bem como nossa esperança na nova Inglaterra. É uma unidade em que o termo "cristão" não cria facções; mas embora mais unidos, não podemos nos orgulhar de sermos uma nação mais "cristã" do que são os cristãos franceses como parte de uma nação. É uma unidade na qual, creio, há mais disposição comum ao sacrifício e à transformação social do que acreditamos. Porém, a unidade que se afirmou na guerra pode ser facilmente desintegrada na paz; e, para a paz, ela precisará de um conjunto mais consciente, unido e intrépido de pensamento e prática cristãos do que ela já pode se vangloriar.

Ensaio 6 | A Educação Cristã da França

PARTE DO *CHRISTIAN NEWS-LETTER*
DE 3 DE SETEMBRO DE 1941

Sabemos pouco sobre a situação na França, ocupada ou não; e aqueles de nós que têm amigos franceses não recebem notícias, ou sabem pouco mais do que o simples fato de que eles ainda vivem. Nossa preocupação pública, também, é com a política externa do governo de Vichy e suas consequências imediatas para nós. E, no entanto, é de grande importância, no longo prazo, que aproveitemos cada oportunidade de nos informar sobre a política doméstica desse governo, e das mudanças que tomam lugar dentro da França. Pois o problema da França será um dos mais vitais e difíceis de todos os problemas do pós-guerra; e temos de lembrar que a França que devemos conhecer – depois de um período de um isolamento entre os dois países para o qual não há paralelo na história – pode ser diferente da França que conhecíamos até quinze meses atrás. Para essa reconstrução do entendimento que será essencial, precisaremos de todos os nossos poderes de imaginação, simpatia e tolerância; e também de toda a informação sobre os passos do desenvolvimento da França que pudermos obter por enquanto. O artigo no *Times* de 14 de agosto, portanto, ainda que escasso de notícias, merece nossa cuidadosa atenção.

Quanto à supressão dos partidos políticos, sabemos bem que existiam originalmente partidos demais para que o governo parlamentar fosse qualquer coisa que não uma tediosa farsa; e sabemos quão preponderantes eram a corrupção e a venalidade na política.

Quanto à interdição da maçonaria, devemos lembrar que o Grande Oriente era um assunto totalmente diferente da maçonaria como conhecida na Inglaterra – sempre entendi que as relações entre os dois grupos há muito se haviam rompido. Por outro lado, a interdição das sociedades secretas parece ter vindo com bastante atraso, pois desperta nossa lembrança sobre o fato de que se dizia abertamente de algumas das mais perigosas delas, nos anos anteriores à guerra, que eram subsidiadas pelos alemães e que cooperavam com eles, se é que não haviam sido criadas por maquinação alemã. O que nos causa mais grave ansiedade é a declaração (no referido artigo do *Times*) de que "judeus têm recebido um status especial, baseado nas leis de Nuremberg, que torna sua condição pouco melhor do que a de um escravo". O antissemitismo sempre existiu entre os partidos de extrema direita; porém, era algo muito diferente, como um sintoma da desordem da sociedade e da política francesas pelos últimos cinquenta anos, do que o é quando toma seu lugar como um princípio de reconstrução. Se isso é o que está acontecendo, podemos apenas esperar que tenha havido, ou de que venha a haver, algum protesto organizado contra tal injustiça por parte da hierarquia eclesiástica francesa: a menos que estejamos tão otimistas a ponto de esperar que essas medidas estejam sendo tomadas apenas sob uma fortíssima pressão da Alemanha, e que nenhum governo francês, fosse esse governo senhor de sua própria casa, imporia tais medidas ou manteria seu status. Mas a menos que a Igreja francesa e os grupos protestantes ergam-se contra isso, devemos ter sérias dúvidas sobre o caminho que tomará o renascimento da França cristã, anunciado desde Vichy.

Na Espanha – um país que não conheço – pode ser que a vasta maioria da população, ainda que anticlerical, seja cristã e católica de coração. A França teve uma história muito diferente. Podemos lamentar a Revolução Francesa, mas devemos aceitá-la como um fato. Em nenhum país europeu o abismo entre cristãos e não cristãos é mais agudo; grande parte da população é produto de quatro gerações de apostasia, e portanto não será cristianizada da noite para o dia ou forçada a adaptar seu comportamento a princípios que nega. O que quatro gerações destruíram não pode em uma geração ser restaurado; e a unidade de que a França precisa tão urgentemente não será alcançada pela opressão.

As palavras que usei virão, espero, com mais força daquele que jamais foi um admirador do governo republicano na França. A divisa *Liberté, Egalité, Fraternité*[1] é apenas um memorial do tempo da revolução: *Famille, Travail, Patrie*[2] tem um valor mais permanente. Porém, substituir o segundo pelo primeiro é ir além de simplesmente chamar a atenção para valores iguais, ou talvez ainda mais elevados: é por implicação a negação e o repúdio do primeiro. Isso sugere o perigo de uma reação que pode ser tão ruim, ou ainda pior, do que aquilo a que ela reage. Ter afirmado Liberdade, Igualdade, Fraternidade da maneira como foi afirmado foi, penso, infeliz; porém, repudiá-las dessa forma é ao menos um erro tão grande quanto. Todo país precisa de um governo forte; é provável que a França em sua condição atual só possa ser governada por um governo autocrático; mas em tempo algum pode um governo autocrático ser bom para a França, a menos que ele tenha a sabedoria e a presciência para reconhecer os limites da autocracia. Ninguém que conhece e que ama a França pode desejar vê-la voltar à condição dos vinte anos anteriores à guerra: excessos reacionários, porém, podem fomentar uma contrarreação a uma condição igualmente deplorável.

Não estou sugerindo que já temos informação suficiente para julgar a política interna e cultural do atual governo da França não ocupada: temos apenas o suficiente para ficarmos apreensivos, e para que se faça imperativo para nós seguir o progresso dessa política tanto quanto as condições de comunicação permitem. É especialmente

---

[1] Liberdade, Igualdade, Fraternidade. (N. T.)

[2] Família, Trabalho, Pátria. (N. T.).

importante que o público cristão daqui se preocupe com os métodos de um governo que professa o cristianismo e que proclama o ideal de uma França cristã. Pois temos o mesmo ideal para a Inglaterra, e certamente podemos lucrar estudando o sucesso ou o fracasso de métodos diferentes dos nossos.

Ensaio 7 | Educação em uma Sociedade Cristã

SUPLEMENTO DO *CHRISTIAN NEWS-LETTERS*
DE 13 DE MARÇO DE 1940

Minha única justificativa para tentar escrever sobre educação em uma sociedade cristã é que ninguém mais o fez até agora. Os problemas da educação em uma sociedade secular – mas talvez a palavra certa não seja nem *pagã*, nem *secular*, mas sim *infiel* – foram tratados repetidamente por aqueles que podem falar a partir de sua vocação, seu conhecimento e sua experiência; e alguns dos escritores que falam com autoridade sobre esses problemas são homens de fortes convicções cristãs. E a questão da instrução religiosa nas escolas, sob as atuais condições, está recebendo bastante atenção. Meu assunto é a educação em uma sociedade que deveria ser cristã no sentido e no grau indicados em meu livro *A Ideia de uma Sociedade Cristã*. Eu não estava, então, preocupado com os meios a serem empregados para fazer surgir tal sociedade; e não estou, agora, preocupado com os meios de realizar uma educação cristã. No entanto, sustento que é bom ter a mesma noção de para onde queremos ir antes de nos prepararmos para começar uma jornada; e, consequentemente, embora eu esteja preocupado com o fim e não com os meios, creio que nossa concepção de fim não deveria ser totalmente destituída de influência sobre nossa ação.

A falta de qualquer noção clara de fim parece-me prejudicar a discussão contemporânea sobre educação. Um erro em que podemos incorrer é o de assumir que nossa estrutura social sempre será o que tem sido e de elaborar nossas reformas dentro desses moldes: isso pode ser descrito como uma tentativa de dar aos nossos pais e avós uma educação melhor – e nossos pais e avós já não necessitam de qualquer educação que pudéssemos lhes dar. O outro erro, ao qual estamos mais propensos nesses dias, é planejar um "mundo em transformação" – porém sob a suposição, que estamos todos demasiado dispostos a fazer, de que temos uma ideia bastante perspicaz de que mudanças serão essas. Essas formas de aposta têm a desvantagem de que, como quer que o mundo mude – e concedo que nosso mundo está propenso a mudar com enorme rapidez –, grande parte das mudanças será inesperada, e algumas delas não serão reconhecidas quando vierem. É como fazer roupas para uma criança que está crescendo rápido, mas não a uma taxa constante ou em proporções regulares: a criança há de se ver sempre em traje novo que não lhe serve, e que jamais lhe servirá. Tudo o que podemos dizer em favor dessas reformas é que, se elas não nos derem uma educação melhor, ao menos nos darão uma que não estará errada sob os mesmos aspectos. A prudência aconselha-nos a restringir nossas reformas a remendar e mudar aqui e ali, sem nos comprometer com um risco desesperado quanto a como o futuro será. Ao mesmo tempo, porém, a razão orienta-nos a evitar nos render tanto a um presente que já é passado quanto a um futuro que é desconhecido, e a enxergar além da superfície de aparente estabilidade ou de mudança inescrutável em busca daqueles valores educacionais que podem ser tomados como permanentes. Ouvimos muito sobre "filosofia social" e "filosofia da educação", assim como sobre "atitude sociológica": porém, se a filosofia deve ser mais do que uma filosofia do fluxo, ela deve se esforçar por determinar quais são esses valores permanentes.

Sugiro que os valores que mais ignoramos, cujo reconhecimento é mais dificilmente encontrado nos escritos sobre educação, sejam aqueles da Sabedoria e da Santidade, os valores do sábio e do santo. Não há necessidade alguma para que, no *Christian News-Letter*, eu tente definir esses termos; mas é bom que nos lembremos de que há inúmeras pessoas hoje para quem os termos seriam inexpressivos mesmo se eu os definisse. No Oriente e na Europa pré-cristã, o sábio e o santo dificilmente seriam distinguidos um do outro. Devemos reconhecer a verdade em ambas as visões, a oriental e a cristã. No Oriente, deve ser lembrado, o sábio enquanto o homem educado no mais alto nível – o *sadhu*, ou *mahatma*, ou qualquer outra palavra que se use – era uma pessoa que tinha educado suas emoções e sua sensibilidade, assim como sua mente, mediante a mais árdua aplicação ao estudo. O Ocidente cristão, por outro lado, embora pronto para canonizar a união da excelência espiritual e intelectual em uma pessoa (Santo Tomás de Aquino e São João da Cruz são dois exemplos dessa união), tem defendido uma doutrina da graça divina desconhecida para o Oriente, e tem sempre reconhecido igualmente o sagrado no humilde e no inculto. Creio, é claro, que o cristianismo está certo; mas o cristianismo em suas formas decadentes poderia aprender muito com o Oriente. Pois nossa tendência tem sido a de identificar, de um lado, sabedoria com conhecimento, e de outro, santidade com bondade natural, de minimizar não apenas a operação da graça, mas o autopreparo, de divorciar o sagrado da educação. Educação veio a significar a educação da mente, e uma educação da mente e apenas dela – e da mente em seu restrito uso moderno – pode levar à erudição, à eficiência, à realização mundana e ao poder, mas não à sabedoria.

Aquilo que conhecemos como "educação para a cultura" e aquilo que é conhecido como "formação de caráter" são os vestígios atrofiados da sabedoria e da santidade. Em uma sociedade cristã, não deveríamos educar para a cultura ou para o caráter; mas cultura e caráter poderiam ser subprodutos de nossa educação, assim como a eficiência técnica lhe seria incidental.

Nesse contexto posso me referir às classificações de Max Weber, que, por conhecer apenas de segunda mão, eu deveria ser cauteloso ao mencionar, mas que podem ser conhecidas dos leitores desse ensaio do professor Clarke, *Education and Social Change*. Weber distingue três tipos principais de educação ao longo da história: *educação carismática, educação para a cultura, educação especialista*. Não criticarei tal classificação sem ter lido sua defesa, que sem dúvida o inventor oferece. Como um relato do processo histórico dos tempos primitivos aos dias de hoje, ela pode ser muito satisfatória dentro da estrutura de referências do autor. O termo "educação carismática" não soa muito feliz, visto que "carismático" significa "relativo ao favor ou à graça de Deus"; e a relação entre graça e educação não está clara. Ela, contudo, provavelmente significa mais para o professor Weber do que para o professor Clarke: para o último, no livro que acabo de mencionar, ela parece ser pouco mais do que a prática em que o Sr. John Falstaff perdeu seu voz – "saudando e entoando hinos". O professor Mainnheim define a educação carismática claramente ao dizer que ela

> é dominante no período mágico ou em período em que a religião alcança seu ponto mais elevado. No primeiro caso, ela quer despertar poderes secretos latentes no homem; no segundo, acordar a intuição religiosa e a disposição interior à experiência transcendental. Em ambos os casos, o objetivo predominante não é a transferência de certo conteúdo concreto ou de certa habilidade, mas o de instigar certos poderes inatos que são, se não sobre-humanos, ao menos a possessão limitada dos escolhidos.

Dificilmente posso supor que isso se proponha a abranger o todo da educação das "raças primitivas" mais do que das raças superiores em sua fase religiosa; porque nas sociedades altamente organizadas da Polinésia certamente se podem encontrar todos os três tipos de educação, a carismática, a cultural e a especializada, muito bem coordenadas. E na educação religiosa superior da Índia ocorre grande parte do que Mannheim, na passagem citada, chama de "transferência de certo conteúdo concreto": o estudo das Escrituras sagradas. Não obstante, a categoria da educação carismática parece ser, entre as três, a que mais se aproxima do que quero dizer por valores centrais da educação cristã – com essa reserva, de que ela parece muito diferente quando vista de dentro.

Neste ponto, não tenho dúvidas, muitos leitores terão chegado à conclusão de que estou bastante preparado para prescindir completamente, na sociedade cristã, de tudo que eles conhecem e valorizam sob o nome de "educação" – terão chegado à conclusão, de fato, de que meu objetivo é na verdade um retorno ao barbarismo. Direi, portanto, na esperança de que possa ajudar, que não estou ansioso para me desfazer de coisa alguma, e que reconheço a necessidade de laboratórios e de escolas técnicas, assim como de instituições para o estudo de história e de filosofia e de línguas modernas e antigas, em qualquer sociedade futura que possa desejar ou imaginar. Não estou contemplando, tampouco, uma sociedade de santos ou iniciados. A questão importante é a seguinte: Qual é o tipo de homem que uma sociedade tem em mais alta conta? Qual é o tipo de homem – abaixo das alturas do maior gênio ou da maior infusão de graça – que ela se orgulha de produzir? Quaisquer ideais que uma sociedade sustente (e ela não está necessariamente consciente de quais são seus verdadeiros ideais) influenciarão inconscientemente todo seu sistema de educação, afetarão o modo como ela ensina, o modo como desenvolve, o modo como utiliza, as disciplinas aparentemente mais remotas ou especializadas.

Certamente não há sistema algum a que possamos voltar. Os ideais de *The Governour*,[1] os ideais de John Locke, os de Thomas Arnold,[2] estão todos igualmente esgotados e são todos igualmente

---

[1] Título de um livro de Sir Thomas Elyot (*c* 1490-1546), diplomata e scholar inglês que o dedicou ao rei Henrique VIII. O livro traçava um perfil de como deveria ser a educação daqueles que viriam a desempenhar papéis importantes no Estado. (N. T.)

[2] Thomas Arnold (1795-1842) foi um educador inglês de grande influência em seu tempo – e para além dele. À frente da Rugby School, moldou boa parte dos ideais da alta educação inglesa do século XIX. É pai do ensaísta, crítico e poeta Matthew Arnold. (N. T.)

inaplicáveis a qualquer futura sociedade cristã. E embora a sabedoria e a santidade sejam, obviamente, imutáveis, ainda assim a técnica para alcançá-las mudará, e a técnica para apontar a atitude certa para chegar a elas por parte da vasta maioria dos seres humanos que podem realizar no mínimo (e isso não é pouca coisa a se realizar) a atitude certa em sua direção – a atitude certa que é o ponto de partida por meio do qual a salvação pode ser conquistada.

O escopo da educação já não é mais a tarefa de mera instrução de indivíduos em e para uma sociedade, porém também a tarefa muito maior de instrução da própria sociedade – sem que tenhamos aceitado quaisquer princípios sobre os quais instruí-la. O escopo da educação tem se expandido rapidamente à medida que organismos sociais têm se dissolvido e vêm sendo substituídos pela mecanização que aprofunda, enquanto a manipula, a atomização dos indivíduos.

Resulta disso um bocado de confusão de motivos sobre as reformas imediatas que são defendidas. Exemplo disso é o caso da idade de conclusão do período escolar. Não tenho nenhuma opinião definitiva quanto a qual deve ser tal idade. Estou bastante preparado para ser persuadido de que, sob as condições em que a maior parte de nossa população vive, há todas as razões para que se aumente para dezoito anos. Apenas sugiro que devemos considerar se deve ou não ser nosso propósito alterar essas condições em vez de simplesmente adaptar nosso sistema de educação a elas. É melhor que nossos meninos e meninas estejam na escola em vez de serem sujeitados à exploração industrial, em um ambiente em que a influência familiar é insignificante ou mesmo prejudicial, e em que a comunidade local não existe. Porém, uma mudança que é apenas para o bem em certas circunstâncias não é necessariamente uma mudança para melhor *em absoluto*; e faz toda a diferença se reconhecemos que tal mudança é apenas boa em um cenário calamitoso ou se pretendemos que ela seja boa em si. Essa educação adicional necessariamente tornará a maioria das pessoas mais sábias ou melhores?

Estou excetuando aqueles que possuem a habilidade de adquirir técnicas especiais – como os vários tipos de engenharia – supondo que será vantajoso para a sociedade que eles sejam treinados para exercer tal habilidade. Ao menos está aberto para questionamento, no entanto, se para a maioria dos seres humanos não há um nível ótimo de instrução escolar e um nível ótimo de conhecimento que eles devem adquirir sem uma pressão excessiva e perniciosa. Ao menos está aberto para questionamento se não podemos prejudicar a sociedade e o indivíduo com educação *demais* tanto quanto com educação *de menos*.

Não desejo imbuir de preconceito as respostas a tais questões; digo apenas que elas devem ser levantadas, e que elas só podem ser corretamente respondidas se preservarmos os valores últimos da educação, e se enxergarmos os problemas da educação na relação certa com os problemas da sociedade, e sustentarmos os valores certos também aí.

Não posso evitar a suspeita, no entanto, de que é possível que a educação, no significado que a palavra tem na sociedade contemporânea, seja superestimada – por ser contrastada simplesmente com a *ausência dela*, e não com qualquer coisa positiva. Com essa ideia em mente, penso que as reivindicações de "igualdade de oportunidade" e a "democratização da educação" devem ser examinadas com muito cuidado. Creio que ninguém irá me tomar por um defensor de uma ordem social e de um sistema educacional baseados na renda – em cuja defesa a melhor coisa a ser dita é que conseguem conservar alguma *pretensão* de serem baseadas na criação. Estou apenas apreensivo ao temer que, como é tão comum nas relações humanas, vejamos com menos clareza os defeitos e perigos do sistema que instituiríamos do que aqueles do sistema a ser substituído. O conceito de "oportunidade" pode ser muito perigoso se não formos severos em nossos padrões quanto *ao que* é desejável ter oportunidade. A menos que a sociedade possa exercer alguma pressão inconsciente sobre seus membros para que eles desejem as coisas certas, a vida certa, a oportunidade oferecida pode ser apenas a oportunidade de seguir falsas luzes, a oportunidade de perseguir objetivos para os quais o indivíduo é inapto, ou que não são vantajosos para a sociedade. Haverá sempre (espero) uns poucos indivíduos que seguirão seus próprios objetivos, independentemente das influências sociais por que estarão cercados, livres de medo ou bajulação: é provavelmente vantajoso para a sociedade, até, que ela abrigue algumas pessoas antissociais. Para a grande maioria, contudo, "oportunidade" pode não ser mais do que a oportunidade de primar (ou, ao menos, cumprir com sua parte) naquilo que as pessoas do grupo em questão considerem admirável. Não sou um inimigo da oportunidade: digo apenas que ao oferecer uma oportunidade você está assumindo uma responsabilidade muito séria. A não ser, ao menos, que se defenda uma doutrina da bondade natural do homem (e mesmo assim dificilmente se poderá fugir da admissão da corrupção da sociedade), o que se tem é a responsabilidade de apontar os valores corretos.

A igualdade de oportunidade, então, e a democratização da educação correm o risco de se tornarem dogmas sem oposição. Elas podem vir a implicar, como um ultimato, uma completa mobilidade da sociedade – e de uma sociedade *atomizada*. Quero dizer com isso que muitos daqueles que defendem esses dois princípios podem estar inconscientemente importando-os do liberalismo do século XIX – e na medida em que eles nascem do liberalismo, eles podem acabar no totalitarismo. É pensar no indivíduo isoladamente, à parte da família e do ambiente local, como tendo certas capacidades intelectuais e sensíveis a serem cultivadas e desenvolvidas em sua extensão completa; é pensar em um sistema de educação como uma vasta máquina de calcular que iria automaticamente classificar cada geração novamente de acordo com um índice cultural de cada criança. O resultado pode ser a produção de uma raça de nômades espirituais. Novamente, desejo apenas suscitar a questão, e não os predispor. Parece-me, porém, que há um perigo em simplificar o conceito de sociedade no indivíduo e na nação e ignorar todos os agrupamentos orgânicos intermediários; e parece-me possível que em uma sociedade saudável haja um elemento de estabilidade *e* um elemento de mobilidade, e que o problema está em seu ajustamento.

Tais considerações podem parecer ter me desviado do ponto principal desta carta – a afirmação dos valores finais da educação cristã como sendo a sabedoria e a santidade. Espero que quem quer que faça esse comentário neste ponto possa ser persuadido a ler novamente o que eu disse, e a me dar o benefício de outra audição: pois estou confiante de que é apenas à luz desses dois valores que o que acabo de dizer pode ser apreciado.

Ensaio 8 | A Concepção Cristã de Educação

TRABALHO APRESENTADO NA CONFERÊNCIA DO
ARCEBISPO DE YORK, EM MALVERN, 1941,
E PUBLICADA EM SEUS *ANAIS*

Há inúmeros problemas distintos, porém intimamente relacionados, que, portanto, não deveriam ser nem confundidos, nem considerados sem referência uns aos outros. Há, inicialmente, o problema do que deveria ser feito com relação à educação religiosa no sistema educacional tal como é no presente. Há o problema de seu lugar em um sistema reformado de acordo com o tipo de padrão que é provável ou possível no futuro imediato. Há também a questão de precisarmos ou não de uma doutrina especificamente cristã da educação em geral. É nesse terceiro problema que este artigo está interessado. O interesse aqui não é em ideais e métodos de ensino da Divindade, ou nas reformas na educação que podemos advogar enquanto pessoas humanitárias e esclarecidas. O interesse não é o ponto 2 da declaração dos arcebispos, do cardeal arcebispo e do moderador, que diz o seguinte:

> Toda criança, independentemente de raça ou classe, deveria ter oportunidades iguais de educação, adequadas ao desenvolvimento de suas capacidades peculiares.

Dentro do escopo de meu artigo, esse ponto não é sequer um ponto educacional. A questão sobre se toda criança deveria ter oportunidades iguais de educação, e nesse caso, de como as oportunidades devem ser equalizadas, é essencialmente uma questão de justiça social. A questão da educação é essencialmente a questão de o que é educação e que tipo de conhecimento é desejável em si. Essa questão é algumas vezes ignorada por aqueles que veem o problema da educação apenas em termos da adaptação de nosso sistema a um mundo transformado e em transformação – ignorada, ao menos, no caso de que não parem para indagar se existem quaisquer princípios permanentes de educação a que um mundo transformado e em transformação deveria ser levado a obedecer. Aquilo em que estou interessado, aqui, como eu disse, é a necessidade de uma doutrina especificamente cristã da educação. Não tento de maneira alguma indicar o que tal doutrina deveria ser; estou apenas argumentando em favor do reconhecimento de sua necessidade.

Quando pergunto "se a liderança da Igreja requer uma concepção de educação", minha questão é secundária à outra, que pode ser expressa da seguinte maneira: "É possível uma concepção adequada e resoluta de educação sem a liderança da Igreja?". Se nossa resposta a essa segunda questão é afirmativa, a liderança da Igreja é supérflua, e nossa resposta à primeira questão deve ser negativa: pois se a educação pode seguir em frente sem a Igreja, é melhor que a Igreja se resolva por não se intrometer onde não é necessária, e confinar-se ao esforço, em que ela já está se interessando, por uma instrução religiosa adequada e universal nas escolas. Se, por outro lado, concluirmos que nenhuma concepção adequada de educação é possível sem a liderança da Igreja, então nossa política quanto à instrução religiosa será consideravelmente alterada e estendida; pois ela deve se tornar uma política não apenas de ajustar a instrução religiosa a qualquer sistema de educação que venha a prevalecer, mas um programa do que deve ser o sistema de educação a que tal instrução religiosa deve se ajustar.

Devemos reconhecer nesse ponto que o sistema de acordo com o qual apenas a instrução religiosa está na alçada da Igreja, enquanto o restante do campo educacional é um território neutro em que o teólogo e o filósofo cristãos não têm, como tal, interesse algum, implica em si uma teoria da educação – uma teoria tão geralmente aceita que permanece implícita e, portanto, muito mais difícil de perturbar.

É importante considerar como esse estado de coisas veio à tona. Posso apenas oferecer alguns indícios do que aconteceu, deixando sua amplificação e correção para aqueles que estão mais bem qualificados.

Durante o século XIX, duas tendências em educação são observáveis. A primeira é a tendência, já percebida pela mente visionária de Coleridge, de a educação se desenvolver como instrução em número e variedade crescentes de disciplinas às quais foram designados valores iguais, e das quais nenhum padrão significativo se formou. Tal movimento foi estimulado por diversos desenvolvimentos econômicos e sociais, assim como pela proliferação e extensão especializada das ciências naturais – cada uma requerendo, para sua prática, um altíssimo grau de treinamento, e cada uma (muito merecidamente) adquirindo sua própria dignidade. Com a rápida multiplicação de disciplinas de estudo e pesquisa, cujos valores relativos dificilmente poderiam, naquele estágio de novidade e mudanças, ser avaliados, a tarefa de organização teria sido hercúlea, e mal foi empreendida: de forma que no lugar de receber aquilo que a situação requeria, um grupo de padrões educacionais coordenados por princípios dominantes, permanecemos no estágio pioneiro de aceitar um sem-número de cursos não relacionados para várias carreiras. Na América, onde o desenvolvimento e a mudança na educação naturalmente encontraram menos resistência ou crítica, essa tendência centrífuga foi até mesmo elevada a princípio; e um distinto educador do século XIX (ele mesmo treinado como cientista) sustentou que um tema de instrução era tão bom quanto qualquer outro para produzir um homem educado. Essa crença foi complementada pelo educador em questão por ainda outra (resultante daquela fé otimista na bondade natural da vontade humana que prevalecia na época e que talvez uma teologia mais sólida pudesse ter corrigido) que de maneira geral dizia que um jovem de dezoito anos, entrando em uma universidade, tinha competência o suficiente para decidir que disciplina ou que combinação de disciplinas poderia melhor lhe proporcionar uma educação liberal.

O único critério para determinar se uma disciplina era necessária para a educação era se ela lhe despertava interesse na época.

Essa tendência, resultante da inabilidade para lidar com o rápido desenvolvimento das ciências especializadas, foi reforçada por outra com causas completamente diferentes. O início da secularização manifesta está no não sectarismo: isto é, no crescimento de um sentimento de injustiça no fato de que diferenças de fidelidade religiosa hereditárias, decorrentes da diferença de opiniões sobre certas doutrinas teológicas ou certas formas de organização eclesiástica, devessem excluir um homem de uma instituição de cujas vantagens ele estaria, de resto, qualificado para se beneficiar. Em consequência, não apenas diferenças de doutrina, mas a adesão a *qualquer* fé religiosa, passou a parecer de pouca importância.

Meu interesse, no momento, está centrado no que aconteceu na América; creio, porém, que aquilo que lá se passou vem acontecendo aqui também, exceto no caso especial das escolas públicas, que apresentam outros sintomas sobre os quais terei de comentar logo em seguida. A tendência na educação que tenho discutido, contudo, foi mais profunda na América, e, portanto, é significativo que certa reação contra ela, que se autodenomina humanismo, tenha se originado na América. O humanismo é significativo para nosso propósito porque ele representa uma admissão, de um ponto de vista puramente não cristão, de que os resultados do que tem acontecido não são de todo bons. O humanismo é, obviamente, uma tentativa de conceber uma filosofia de vida sem uma metafísica; e seus defensores tiveram muito a dizer sobre outros assuntos que não a educação. Porém, esses defensores – é claro que me refiro a Irving Babbitt e seus discípulos – têm sido majoritariamente professores universitários; foi no campo da educação que eles observaram pela primeira vez a influência desagregadora dos valores e ideais contemporâneos; e foi nesse campo que eles se pronunciaram com maior autoridade e com os melhores propósitos. Contra os ideais da instrução especializada ou variada, da minúcia técnica ou da superficialidade diletante, eles opuseram os ideais de unidade e sabedoria. É verdade que a atenção dos humanistas estava concentrada na área particular de sua própria experiência e atividade, a da educação na fase da faculdade ou universidade, mas os princípios que eles defendiam tinham igualmente suas implicações para a educação primária e secundária. Sua batalha não está de maneira alguma vencida. Há apenas evidências esporádicas de um movimento naquela direção, em tentativas de dar uma maior coordenação ao trabalho na graduação em algumas das universidades mais antigas – esboçando as mudanças em parte sobre os modelos dos métodos de Oxford e Cambridge para as humanidades – e alguns experimentos interessantes na Universidade de Chicago e em instituições menores como a St. John's University, em Annapolis. Algumas dessas tentativas foram limitadas pelas bases incompletas da educação escolar. Para meu presente propósito, no entanto, a influência imediata das ideias educacionais humanísticas não é o que interessa. A questão é a seguinte: Os ideais humanistas são suficientes – suficientes, não apenas de nosso ponto de vista, mas para alcançar o que os humanistas esperam deles?

Da resposta a essa questão muita coisa depende. Pois se um humanismo secular ou não religioso pode oferecer uma fundação adequada para a educação geral, de tal forma que de nosso ponto de vista ele requer apenas ser complementado por uma instrução religiosa, então não apenas temos um denominador comum com os grupos mais sábios, embora menores dos teóricos educacionais não cristãos, como podemos nos dar ao luxo de deixar a cargo dos discípulos de Irving Babbitt na América e a grupos tais como o do Dr. Leavis e de seus amigos neste país a elaboração e a implementação de políticas. Deveríamos então ser forçados a dizer, em resposta à questão de que falo, que a liderança da Igreja *não* depende de "uma concepção adequada e resoluta de educação". Pois a menos que a Igreja possa oferecer uma filosofia da educação mais verdadeira do que qualquer filosofia não cristã possa produzir, sua preocupação vital com a educação não é óbvia. Acredito, no entanto, que o humanismo dessa natureza fica aquém de uma filosofia; que a educação deve se basear em uma visão dogmática, quer natural, quer sobrenatural; e que na educação, como em outros assuntos, a única alternativa final a uma visão mundana dogmática é uma visão cristã. Podemos estar de acordo com os humanistas em tudo o que querem; eles podem ser aliados inestimáveis; porém, devemos lembrar que a doutrina cristã oferece a única justificação racional para o programa que podemos compartilhar com eles.

O humanismo, de fato, deriva do cristianismo e é dependente dele; é inexplicável e inaceitável exceto como resultado da tradição cristã. (Argumentei esse ponto em outro lugar, e não me proponho a me aprofundar no assunto aqui.) Sei que seus partidários extraíram grande auxílio do budismo e do confucionismo, mas os hábitos de pensamento e sentimento sobre os quais eles se apoiam são hábitos resultantes de séculos de tradição cristã.[1] Pode-se ser eclético em suas ideias, porém não se tem tanta liberdade a ponto de escolher seus ancestrais. Ao insistir que a educação deve ter como objetivo formar não apenas um homem instruído ou tecnicamente competente, mas um homem *sábio*, eles restauram uma ênfase muito necessária; e ninguém deveria afirmar que a sabedoria será adquirida apenas do estudo de autores cristãos. Porém, sabedoria é uma coisa sem sabedoria cristã, e outra com ela; e há um sentido em que a sabedoria que não é cristã transforma-se em tolice. Ademais, a sabedoria não é um substituto da fé; e não importa quão fortemente convicta, ela não pode oferecer um fundamento para sua convicção. É o produto da experiência do homem e dos livros, das artes e das ações, e só pode apelar para um teste empírico. Para aqueles que ridicularizam esse

---

[1] Eu não minimizaria, no entanto, a importância de sua contribuição em nos lembrar da necessidade de um exame e de um entendimento cristãos do pensamento oriental, que a filosofia cristã do futuro não pode negligenciar. Aos humanistas declarados, nesse trabalho, eu associaria o nome do Dr. I. A. Richards.

conselho, só se pode dizer "tente do seu jeito e veja"; ao que se segue o frio consolo de dizer "eu avisei". Seu trabalho é da natureza de um comentário, e a sabedoria da Europa desde a revelação cristã tem sido dependente da tradição cristã: qual seria o significado de Montaigne ou La Rochefoucauld sem um pano de fundo histórico cristão? Tais considerações são para explicar por que o humanismo como estilo de vida, e em particular como estilo de educação, não é suficiente. Ele só pode atrair um diminuto número de indivíduos superiores; ele pode ajudá-los a reconhecer o que está errado, porém não pode lhes proporcionar o poder de influenciar a massa da humanidade e de viabilizar o que é certo. Ele pode atrair aquelas pessoas que já têm sentimentos e desejos humanistas, porém não pode mudar a vontade daqueles que adoram falsos deuses. Ele é impotente contra os desejos erráticos ou as paixões torrenciais que alternadamente proporcionam a força motivadora para a massa dos homens. A sabedoria humanista pode proporcionar um alimento útil, ainda que por fim desagradável, para o indivíduo inteligente e educado – em outro nível, há a sabedoria comparável do campesino arraigado na tradição de seu vilarejo e na vida do campo e na procissão de estações –, porém ela não pode sustentar uma sociedade inteira. No campo da educação, o enfoque humanista pode levar a muitas reformas importantes. Porém, parece-me inerente à posição humanista a adoção de suposições precipitadas, que ela está propensa a fazer, porém que não pode justificar.

Li um artigo admirável do Dr. Leavis, que apareceu alguns meses atrás na *Scrutiny* em que ele faz sugestões muito sensatas para o aperfeiçoamento do Tripos[2] inglês. Nesse artigo, ele observa: "O problema da produção de 'homens educados' – homens de cultura humanitária que estão equipados para ser inteligentes e responsáveis com relação aos problemas da civilização contemporânea – torna-se

---

[2] Exame final que concede o título de Bachelor of Arts (B.A.) na Universidade de Cambridge. (N. T.)

o problema da realização da Ideia de uma Universidade em disposições práticas adequadas ao mundo moderno". E ele cita uma frase do Sr. Brooks Otis, um escritor americano: "É um trabalho urgentemente necessário [...] o de explorar os meios de conduzir os vários tipos de conhecimento e treinamento especializado a uma relação efetiva com a consciência social e a vontade política". Concordamos. Porém, para questões como "Por que deveríamos desejar uma cultura humanitária? Por que é uma concepção de cultura humana melhor do que outra? O que é a sanção para sua concepção de consciência social ou vontade política, em contraste com, por exemplo, aquela agora dominante na Alemanha?", não creio que os humanistas possam nos dar uma respostas satisfatória.

Tampouco qualquer sistema de teologia pode nos levar a uma resposta. Se adotássemos um ponto de vista estritamente luterano, suponho que o interesse da Igreja na educação seria apenas o de produzir o número máximo de crentes praticando a adoração e as virtudes cristãs; e a parte secular da educação não seria, enquanto cristãos, assunto nosso. Se aceitamos os cinco pontos apresentados pelos arcebispos, pelo cardeal-arcebispo e pelo moderador, não podemos nos refugiar nessa limitação.

> Ponto 2: Toda criança, independentemente de raça ou classe, deveria ter oportunidades iguais de educação, adequadas ao desenvolvimento de suas capacidades peculiares.

Se aceitamos esses pontos, somos obrigados, como cristãos, a nos preocupar com o que as crianças recebem sob o nome de "educação". O interesse cristão não pode exigir menos do que o seguinte: que cada criança cristã seja treinada para *compreender* sua fé na medida de suas capacidades – uma expectativa que está longe de ser alcançada hoje –, e a compreensão dessa fé requer a provisão de certa educação em história, e para os mais inteligentes, passada a primeira juventude, certa educação em filosofia também. Requer também o estudo de literatura, pois não se pode estabelecer qualquer linha estrita entre a escrita teológica e não teológica, e não se pode ter uma compreensão ampla da literatura cristã sem tê-la visto no contexto da literatura não cristã. Todo cristão instruído deveria ter certa familiaridade com Santo Agostinho e Pascal – para mencionar apenas dois grandes nomes cristãos na literatura; e não se pode compreender Santo Agostinho e Pascal sem algum estudo dos mundos em que eles viveram e da literatura, seja ela secular, seja ela pagã, com que suas mentes se alimentaram. Nossa educação enquanto cristãos pode requerer até mesmo o estudo da ciência natural. E isso não é dizer simplesmente que se pode ter uma educação inteiramente cristã sem complementá-la com uma educação geral. A interpretação desses estudos receberá um padrão diferente da crença cristã instruída. A diferença de padrão é quase óbvia no caso do estudo da história, que deve parecer muito diferente para o cristão, para o estudante que interpreta a história de acordo com alguma racionalização individual ou conjunta, como as de Hegel ou Marx, e para o scholar, para quem ela é simplesmente uma série de eventos com inúmeras causas não relacionadas. Ademais, sem reduzir nossa insistência na universalidade da Igreja e na transcendência da comunhão cristã sobre diferenças nacionais e raciais, devemos lembrar que a educação tem de ser moldada de acordo com as necessidades de povos particulares vivendo em lugares particulares: que a Igreja deve estar interessada não apenas naqueles princípios de educação que são válidos para todos os povos em todos os tempos e lugares, mas em sua aplicação aos povos de diferentes países com diferentes tradições e diferentes costumes mentais e em seus diversos tipos e ordens.

O que eu acabo de dizer partiu da consideração dos limites dos ideais humanísticos de educação. Porém, será dito que nem o humanismo explicitamente não cristão, nem o sistema instrutivo que o humanismo resolveu combater são naturais ou profundamente arraigados neste país, e que eu negligenciei os ideais de educação pública desde o tempo do Dr. Arnold: o da "educação para o caráter" e o do "gentleman cristão". Não me proponho a inquirir se não é desejável que mesmo aqueles que não educamos para que sejam "gentlemen" fossem educados para ser cristãos; ou a inquirir se é desejável ter dois sistemas de educação tão completamente separados em seus objetivos como parecemos ter no presente. Confino-me à questão de saber se a "educação cristã" associada ao nome de Arnold está tão bem conservada a ponto de não requerer críticas. Aqueles cujo cristianismo mantém-se do mesmo tipo que o Dr. Arnold professava encontrarão apenas defeitos incidentais. A doutrina cristã de Arnold, todavia, seria vaga, incoerente e quiçá herética em qualquer tempo; e sua fraqueza prática é mais aparente hoje do que o era duas gerações atrás. Ele supõe que a nação era cristã, e que permaneceria assim; e tomava por certo um cristianismo *moyenne* que desencorajava tanto o deslize completo da confissão quanto o desenvolvimento mais intenso dos sentimentos religiosos. E a ideia de um "cristianismo nacional" não protege esse cristianismo de cair a um nível muito baixo. As virtudes cristãs eram intimamente ligadas às virtudes cívicas e confundidas com elas. A distinção entre virtudes cristãs e virtudes naturais é suprimida; a honra se torna mais importante do que a moralidade; e de fato, para muitos homens, a observância de um código de honra e da boa forma na moralidade é tudo que restou da moral cristã. Ademais, a união da Igreja e do Estado é uma coisa, e sua identificação é outra. A tendência tem sido, creio, de uma secularização da educação aparentemente muito diferente daquela que é óbvia na América, nas escolas subsidiadas, nas universidades provinciais e cada vez mais nas universidades mais antigas, porém muito mais traiçoeira. Ao assumir a existência de uma sociedade nacional cristã e sua continuidade, a educação cristã de Arnold não oferecia proteção alguma contra a gradual diminuição da crença cristã, e não oferecia armas contra os movimentos anticristãos positivos e militantes de nosso tempo. E se a educação não está definitivamente orientada para fins espirituais superiores àqueles que Arnold estabeleceu, ela virá, com a mudança do temperamento da sociedade, a ser orientada para fins materiais, e de tais fins pode-se consumar inevitavelmente um sistema estatal universal de educação com a propagação de um sistema estatal universal de valores – estejam ou não mascarados de cristãos.

Não podemos voltar ao mundo tal como parecia ser no tempo do Dr. Arnold. Não repararemos fundamentalmente os problemas simplesmente universalizando o "sistema de escolas públicas" (que pode se tornar algo muito diferente, porém não necessariamente mais cristão, nesse processo) e nos empenhando em revelar uma nação inteira de "gentlemen cristãos". Tampouco efetuaremos a transformação desejada simplesmente aperfeiçoando os padrões e métodos de instrução religiosa nas escolas, ainda que essa tarefa seja importante. O que é necessário é uma doutrina cristã da educação que deve ser parte de uma doutrina cristã do homem. Isso demanda séria reflexão, pois é, antes de tudo, a reflexão teológica que deve ser empreendida; e a reflexão sobre os princípios gerais da educação cristã deve ser seguida pela reflexão que será a sociologia cristã – pois ela deve, se aplicada, levar em consideração o atual estado de coisas na Inglaterra, tanto material quanto espiritual, e as tendências correntes do pensamento, do sentimento e do comportamento. Se omitirmos o primeiro estágio, como estamos inclinados a fazer, nos veremos simplesmente planejando adaptar nosso sistema de educação a um "mundo em transformação", sem parar para perguntar se não há princípios permanentes quanto a qual deveria ser o objetivo e o padrão de qualidade permanentes da educação em relação aos quais devemos tentar direcionar a maneira com que este mundo cambiante se transformará.

Não estou aqui ocupado com "a ideia de uma sociedade cristã", e mesmo se estivesse, meu programa não incluiria a entrega do controle educacional à Igreja. Uma Igreja nacional, ou qualquer Igreja, enquanto uma autoridade burocrática dirigindo a educação do país, pode não se mostrar melhor, e talvez se mostrar pior, do que o próprio Estado; e devemos ter como objetivo evitar, e não promover, a centralização e a padronização. A tarefa de Igreja é cristianizar o Estado e a sociedade, não tomar qualquer uma das funções quer do Estado, quer dos grupos ou fundações privados. E se é para cristianizar a educação – que envolve, como tentei dizer, não apenas uma insistência na instrução religiosa, mas uma revolução nos ideais educacionais – alguns de seus membros devem estar preparados para dedicarem algum tempo à reflexão profunda e demorada. A tarefa à vista não será realizada apontando comissões para refletir por nós, ou para chegar a conclusões e fazer recomendações antes que a reflexão chegue ao fim. Ela não será realizada por meio de conferências e manifestos, mas por meio do trabalho paciente de várias mentes na esperança humilde e submissa de uma orientação do Espírito Santo. O primeiro passo é talvez o mais difícil de todos, pois trata-se de simplesmente mudar nossa mentalidade – para ver as relações e responsabilidades da Igreja para com a educação como não as vimos antes; para ver que a instrução religiosa é apenas uma parte dessa relação e dessa responsabilidade; e para ver que a menos que a alma da educação esteja inspirada pelo cristianismo, ela se tornará presa de um mundanismo tal que fará com que os mais limitados esforços do ensino religioso sejam em vão.

Ensaio 9 | Sobre o Lugar e a Função
da Intelectualidade

ARTIGO ESCRITO POR T. S. ELIOT PARA DISCUSSÃO
NO MOOT MEETING DE DEZEMBRO DE 1944

O assunto se me apresenta primeiro sob a forma de três questões:

Qual é o lugar de uma intelectualidade, se ela existe, na estrutura social?

Supondo que ela exista, qual é sua composição?

Em vista de sua composição, qual é sua função?

A intelectualidade (se existe) deve ser uma *elite* e não uma *classe*. A distinção pode parecer demasiado óbvia para que necessite ser mencionada; suspeito, no entanto, que em debate as duas são frequentemente confundidas. Uma elite não é um substituto para uma classe, ou uma classe para uma elite. Isso poderia ser expresso muito simplesmente dizendo que a unidade da classe é a família, e a unidade da elite, o indivíduo. Um homem nasce membro de uma classe, porém torna-se membro de uma elite em virtude da superioridade individual desenvolvida mediante preparação; ele não deixa, com isso, de ser um membro da classe em que nasceu, muito embora ele seja parcialmente separado dos outros membros de sua classe que não são membros da mesma elite. Homem algum pode mudar sua classe, porém seu esforço bem-sucedido ou sua incapacidade pode – e frequentemente o faz – resultar no pertencimento de seus filhos a uma classe algo diferente da sua própria.

Temos, portanto, de analisar as elites contra os antecedentes de classe. A posição de uma elite em uma sociedade de classes seria sem dúvida algo muito diferente; não temos, contudo, experiência ou conhecimento histórico sobre uma tal sociedade, exceto talvez em um estágio muito primitivo de desenvolvimento. Por vezes aqueles que querem o melhor de dois mundos assumem que as vantagens de uma sociedade de classes, sem suas desvantagens, podem ser obtidas por meio de uma sociedade sem classes com uma seleção sistemática dos indivíduos que formarão uma elite. Entretanto, destruir as fundações da classe (a transmissão de vantagens de geração em geração) é destruir o que produziu o elemento positivo na classe, assim como o negativo. Obter-se-á algo inteiramente diferente; e não se sabe o quê. (Essa, creio, é a crítica fundamental de *Towards a New Aristocracy*, de Happold.[1]) Não estou interessado aqui em saber se tal estrutura social seria melhor ou pior; creio apenas que é melhor começar considerando o que a intelectualidade é e tem sido em uma sociedade tal como a que conhecemos, antes de considerar o que ela deve ser em uma forma diferente de sociedade.

Um dos grandes méritos da classe é que ela é uma influência em favor da estabilidade; um dos grandes méritos da elite intelectual é que ela é uma influência em favor da mudança. Em certa medida, portanto, há, e creio que deve haver, um conflito entre classe e elite intelectual. Por um lado, a elite intelectual depende de qualquer que seja a classe dominante de seu tempo,[2] por outro, ela está apta a criticar, e mesmo subverter, a classe no poder. (Essa relação dual peculiar pode ser ilustrada pela posição e influência dos *philosophes* franceses sob o *Ancien Régime*, assim como da posição e influência de homens como Carlyle, Ruskin e Arnold na alta classe média da Era Vitoriana.)

---

[1] Publicado pela Faber no outono de 1943.

[2] Cf. a observação mais recente de um sociólogo, W. L. Guttsman: "A elite [política] contemporânea não pode ser facilmente vista em isolamento e separada do caráter e do poder de uma classe alta mais ampla em que tantos de seus membros são recrutados [...]. Os membros dos grupos de elite são em grande parte recrutados entre homens que pertencem, de qualquer forma, às camadas superiores da sociedade" (*The British Political Elite*. London, MacGibbon, 1963, p. 320-21).

Quando falamos de classe, por vezes devemos estar pensando em uma divisão em duas ou três classes; por vezes, nas inúmeras e quase imperceptíveis subdivisões que são características da sociedade inglesa. Ao menos que tenhamos ambas em mente simultaneamente, estamos sujeitos a incorrer em erro. Por conseguinte, quando dizemos que a maioria da intelectualidade foi, no passado, colhida na classe média, queremos dizer que acima e abaixo de duas fronteiras não muito distantes, pouquíssimos "intelectuais" ilustres serão encontrados. Eles vêm do meio, embora quando comparados entre si grandes diferenças de background vêm à tona. Porém, as origens da intelectualidade são uma coisa, já sua relação com a classe dominante é outra. A história da literatura inglesa pode ser traçada com relação aos públicos para os quais os homens de letras escreviam (não precisamente o público que lia suas obras ou assistia a suas peças, mas o público que, consciente ou inconscientemente, eles pretendiam agradar ou interessar). A tendência geral tem sido a de escrever para um público cada vez maior e, portanto, o escritor só poderia tomar por certo o que seu público tinha em comum – ou seja, cada vez menos. Desde a Era Vitoriana, houve também uma aparente tendência contrária – a de escrever para um público cada vez menor, mas essa tendência não representa uma simples *reação*. Os autores que (frequentemente caçoados) escrevem para um público diminuto não estão escrevendo para uma *classe* mais culta, mas sim para um grupo heterogêneo de indivíduos peculiares de várias classes – para uma espécie de elite. A intelectualidade escrevendo para a intelectualidade. Lorde Elton[3] não compreende a causa desse fenômeno.

Até agora, portanto, no que diz respeito aos "homens de letras" (usando o termo tão vagamente quanto possível), o futuro imediato não oferece qualquer possibilidade de uma intelectualidade apelando a uma sociedade sem classes, mas escrevendo em favor de, e em certa

---

[3] *St. George or the Dragon; Towards a Christian Democracy* (1942).

medida esperamos que criticando, uma sociedade de baixa classe média. Podemos ter dois tipos de intelectuais: aqueles que se identificam demasiado intimamente com seu público, e aqueles que estão demasiadamente isolados de qualquer público.

ELITE E ELITES

Há algum risco de confusão ao adotar algumas vezes o singular e outras o plural. Presumo que *uma* elite seja uma categoria de homens e mulheres que em razão de suas capacidades individuais exerçam um poder significativo em qualquer área particular. A intelectualidade é talvez, de todas as elites, a de distinção e definição mais difícil de se alcançar. Ela pode ser definida, em linhas gerais, como, nas camadas superiores, aqueles indivíduos que originam as ideias dominantes e alteram a sensibilidade de seu tempo; se reconhecemos a sensibilidade assim como as "ideias", devemos incluir alguns pintores e músicos, bem como escritores. Quando dizemos *originam*, entretanto, devemos incluir a nova expressão de uma ideia antiga; quando dizemos *originam* e *alteram* devemos admitir um elemento de representatividade, de dar expressão ao que já está "no ar"; e quando dizemos *de seu tempo*, devemos reconhecer o frequente lapso temporal antes que detonação de uma nova ideia pareça ocorrer. Acrescento essas qualificações apenas como uma lembrança de que aqui há problemas estéticos, críticos e intelectuais que facilmente podem nos desviar do ponto em questão.

ELITE E CLASSE NOVAMENTE

A intelectualidade, creio, tende a surgir de um número limitado de classes intimamente relacionadas. Isso pode não ser verdadeiro, em qualquer momento particular, para os membros mais notórios da intelectualidade; a intelectualidade deixaria de ser intelectualidade, e seria simplesmente uma classe diminuta e bastante isolada, se isso de fato fosse inteiramente verdadeiro. Se classe e elite passam a ser a mesma coisa, no caso da intelectualidade, ela morreria de endogamia. Uma família que pode gerar um intelectual não é o mesmo que uma família intelectual. Os intelectuais surgem de um acúmulo que não é, ele mesmo, intelectual, ou ao menos que não é muito intelectual, mas que é capaz de produzir e cultivar intelectuais. Reciprocamente, os intelectuais nem sempre se casam com intelectuais (sem orquídeas para o Sr. Humphry Ward[4]), e ainda que o façam, é melhor que gerem e criem não intelectuais; o intelectual de terceira geração não é uma estirpe muito saudável.

O intelectual ele próprio deveria ser parcialmente, embora não de todo, emancipado da classe em que nasceu; um pária. Ele deveria, em alguma medida, ser capaz de contemplar – e de se misturar com – todas as classes tal como um estrangeiro; assim como deveria, em alguma medida, escapar de seu próprio século. Essas são recomendações para atingir a perfeição, coisa que nenhum de nós atinge. Ele deveria igualmente formar uma comunidade supranacional de interesses com intelectuais de outras nações, de maneira a agir contra o nacionalismo e o racialismo (provincianismo), assim como contra a classe.

INTELECTUALIDADE E CULTURA

Seria, creio eu, um erro pensar na intelectualidade como depositária e transmissora exclusiva da cultura. Isso implica certamente uma noção muito limitada de cultura. A manutenção da cultura é uma

---

[4] Possível referência a Humphry Ward, companheiro de Brasenose e mais tarde na equipe do *The Times*, que, em 1872, casou-se com Mary Augusta Arnold, neta do Dr. Thomas Arnold. A Sra. Ward escreveu *Robert Elsmere* e vários outros romances. (Nota da edição inglesa)

função de todo um povo, cada parte dele tendo sua porção adequada de responsabilidade; é uma função das classes, e não das elites. A intelectualidade pode ajudar a desenvolvê-la e a modificá-la; ela tem um papel a desempenhar – mas apenas um papel – em sua transmissão. Se tal papel por vezes parece ser a parte mais importante, isso não quer dizer que os intelectuais são necessariamente as pessoas mais cultivadas. (O artista não é necessariamente uma "pessoa cultivada"; ele oferece alimento para a cultura de outras pessoas.)

DIFERENÇAS ENTRE INTELECTUAIS

Não é papel dos intelectuais concordarem uns com os outros; eles são levados à companhia uns dos outros por sua dissimilaridade comum de todas as outras pessoas, e pelo fato de que eles consideram uns aos outros as pessoas de que é mais proveitoso discordar, tanto quanto concordar. Diferem dos membros de uma classe por terem antecedentes muito distintos entre si, e por não serem unidos por hábitos e preconceitos. Estão aptos para compartilhar um descontentamento com as coisas como estão, porém as maneiras como querem mudá-las serão variadas e com frequência completamente opostas. Além disso, no entanto, há dois tipos de divisão entre os intelectuais, uma horizontal e uma vertical. Horizontalmente, há os *racionais* e os *emotivos*. (Evito aqui a difícil palavra "imaginativo", porque isso pode ser aplicado a qualquer um deles.) Os racionais podem ser insensíveis, e os emotivos podem ser intelectualmente fracos ou irracionais. As dificuldades surgem não dessa divisão natural, mas quando cada tipo falha em reconhecer suas próprias limitações: caso contrário, eles lucram ao associar-se entre si, exceto possivelmente os músicos, que parecem viver em um mundo à parte, como alguns prodígios matemáticos.

O ponto, no entanto, é que não podemos exigir uma mentalidade comum, ou uma ação comum, por parte dos intelectuais. Eles têm uma função comum, porém isso se dá em um nível mais baixo do que o dos propósitos conscientes. Eles têm ao menos um interesse em comum – um interesse na sobrevivência da intelectualidade (cf. o ensaio do Sr. Joad em *Can Planning be Democratic?*), mas não concordam quanto a como promovê-la. Concordância e ação comum só podem ser alcançadas por grupos particulares de intelectuais, e são mais eficientemente exercidas contra algum outro grupo de intelectuais. Quando intelectuais podem formar um grupo em que é possível chegar a um acordo, isso se deve às afinidades que os distinguem dos outros intelectuais.

A HIERARQUIA DA INTELECTUALIDADE

Não consigo encontrar minha cópia de *A Traição dos Intelectuais*, e não reli o livro desde que ele foi lançado. Lembro-me de que não o achei tão bom quanto *Belphegor*,[5] do mesmo autor. Minha impressão continua sendo a de que Julien Benda era um exemplo de mentiroso cretense,[6] cometendo ele mesmo a traição que acusava nos outros; mas não apenas isso: continuo com o a impressão de que ele

---

[5] Obras do escritor e pensador francês Julien Benda (1867-1956), que ficou célebre sobretudo por seu livro de 1927, *A Traição dos Intelectuais* (publicado no Brasil pela Editora Peixoto Neto), no qual o autor condena a atitude intelectual, à direita e à esquerda, de adesão a interesses de classe, raça e nação em detrimento do verdadeiro dever do intelectual, que seria com a verdade e os mais altos e abstratos valores do pensamento. Contudo, ao final de sua vida, pode-se dizer que teve mais do que um flerte com o comunismo. (N. T.)

[6] A expressão refere-se ao chamado "paradoxo do mentiroso", que, em versão consagrada como o "Paradoxo de Epiménides", apresentaria o seguinte enigma (ou paradoxo): "Todos os cretenses são mentirosos"; sendo o enunciador da frase um cretense, tem-se um paradoxo. As fontes filosóficas – Diógenes Laércio, por exemplo – atribuem as reflexões sobre o paradoxo ao lógico Eubulides de Mileto; no Novo Testamento, acredita-se haver menção ao paradoxo na Epístola a Tito (1,12). (N. T.)

não distinguiu diferentes classes de intelectuais – de *clercs*. As classes superiores são aquelas, quer entre os filósofos, quer entre os artistas, que estão preocupadas com a palavra (a descoberta da verdade ou da beleza), e não com a plateia, e as classes inferiores são aquelas que estão mais preocupadas com a plateia – seja para influenciá-la, seja para entretê-la, ou ambas as coisas. (Isso não exclui a possibilidade de que um determinado intelectual da classe inferior possa ser um homem *mais nobre* do que um determinado intelectual da classe superior.) Benda, tal como me lembra, parecia esperar que todos fossem uma espécie de Espinosa. Idealmente, e frequentemente na prática, a obra de um intelectual da classe superior afeta primeiro um intelectual da classe mais baixa – aqueles que têm alguns dos motivos do superior e alguns dos motivos do inferior. *Homem e super-homem* podem ou não ser uma popularização das ideias que Shaw[7] (um intelectual de classe intermediária) tirou de Samuel Butler[8] (um intelectual da classe superior – isso independentemente do que possamos pensar sobre o valor de suas ideias); e a invenção dramática de Shaw decai aos mais baixos refugos da intelectualidade nas peças de Noël Coward.[9] (Recusar a Coward o título de intelectual implica ter de estabelecer uma linha em algum lugar, e não será fácil fazê-lo.) O que quer que se pense de Noël Coward, essa forma geral de influência e disseminação é natural e correta. Note-se, no entanto, que a função do intelectual da classe intermediária não é simplesmente travestir ou degradar o que ele recebe do intelectual da classe superior, e quando ele desempenha

---

[7] George Bernard Shaw (1856-1950) foi um dos mais importantes dramaturgos de língua inglesa de seu tempo, autor de clássicos como *Pigmaleão*, além de ativo militante social. (N. T.)

[8] Samuel Butler (1835-1902) foi um poeta e romancista inglês da Era Vitoriana, célebre, entre ouros motivos, por suas traduções em prosa da *Ilíada* e da *Odisseia*. (N. T.)

[9] Noël Coward (1899-1973) foi um dramaturgo, compositor, ator e cantor, conhecido por seu estilo entre o insolente e o afetado, sendo, talvez por isso mesmo, de grande influência na cultura pop anglo-saxã até os dias de hoje. (N. T.)

bem sua função, ele torna influente a obra de homens que conceberam tal obra sem preocupação alguma com sua influência – e tal é o tipo mais profundo de influência. Por outro lado, como toda a influência intelectual ou artística é modificada, tanto pelos cérebros que a recebem quanto por sua transformação em associação com um número crescente de outras influências, ela deixa de ser qualquer coisa que poderia interessar ao homem que a iniciou. Os filósofos, assim como os artistas, frequentemente desaprovam violentamente seus discípulos.

AMEAÇAS ECONÔMICAS E SOCIAIS À INTELECTUALIDADE

A intelectualidade pode ser dividida entre os *empregados* e os *desempregados*. No primeiro grupo, refiro-me àqueles que estão empregados como intelectuais: entre os desempregados, nesse caso, incluo aqueles que têm rendas independentes, aqueles que se sustentam com alguma atividade fora de seus interesses principais (por exemplo, polindo lentes[10]), aqueles que vivem da venda de sua produção intelectual (livros, pinturas) e aqueles que vivem como lhes for possível. Obviamente, nem sempre é fácil localizar um intelectual inteiramente em uma ou outra categoria. Um assalariado da universidade pode estar interessado em atividades como a reflexão, e entediar-se lecionando e orientando: a questão é o grau em que suas atividades pagas sustentam ou interferem nos interesses intelectuais que lhe são mais caros.

É desejável que haja sempre uma proporção de intelectuais empregados e uma proporção de intelectuais desempregados. Do ponto de vista da intelectualidade, alguns intelectuais necessitam de segurança e oportunidade para se concentrar, ambas que um emprego adequado oferece: é útil, também, tanto para o intelectual quanto para a sociedade em que ele trabalha, que ele tenha o prestígio do

---

[10] Ocupação de Espinosa.

reconhecimento oficial ou institucional. Outros intelectuais necessitam da independência do desemprego, ou bem para a expressão de visões impopulares, ou bem para a condução de algum estudo cujo valor não é imediatamente aparente a ninguém que não a eles mesmos. Também é importante para a sociedade que alguns intelectuais sejam capazes de fazer o que mais lhes agradar. Um excesso de intelectuais empregados gera a ameaça de desencorajar a independência: o patrocínio oficial das artes nesse sentido, certamente, pode ter o efeito de suprimir tudo menos os níveis superiores de mediocridade. Por outro lado, um excesso de intelectuais desempregados pode ser perturbador: quando a sociedade produz um grande número de intelectuais insignificantes desempregados, temos o que se chama de *intelligentsia*, expressando seu descontentamento em movimentos subversivos e, em lugares como o Cairo, emborcando bondes.

No presente estado da sociedade, estamos expostos a essas duas ameaças. Em uma sociedade planejada e centralizada, será feita certa provisão para a arte e para o pensamento; de forma que a tendência pode ser a de que as posições oficiais sejam feitas para os praticantes de tais atividades, especialmente na medida em que outros meios de sobrevivência tornem-se mais difíceis. Do mesmo modo, torna-se gradativamente corrente a crença segundo a qual a arte e o pensamento de uma nação devem ter algum valor político em impressionar os outros países com um sentimento da importância de tal nação, e estimulando um interesse em seus bens de exportação, até mesmo livros e quadros. Ao mesmo tempo, no entanto, com a vasta expansão da educação que se avista, corre-se o risco de se produzir um excessivo número de intelectuais simplórios e despreparados, para muito além do que o mecanismo social seria capaz de acomodar. A difusão da educação pode igualmente fortalecer a pressão em nome de uma cultura de baixo nível (refiro-me, claro esteja, a algo bastante distinto daquela parcela da cultura total da qual os estratos inferiores da sociedade são os devidos guardiões) que mencionei antes.

QUESTÕES

1. O termo "intelectual" transmite o suficiente para ser útil? Ele identifica um tipo de atividade tal que podemos dizer que uma intelectualidade deve existir em qualquer sociedade civilizada? Pode a função da intelectualidade ser definida? Se sim, em que extensão ela é satisfeita, e em que extensão encontra-se ela em dívida nesta ilha no presente?

2. O termo, em extensão, deveria ser tornado tão inclusivo ou tão exclusivo quanto possível? Considere-se isso em relação a nomes notórios na filosofia, na ciência, nas artes e o nível de variedade.

3. Se o termo compreende filosofia, ciência e artes, cada uma delas de modo assaz abrangente, que afirmação pode ser feita sobre *todos* os intelectuais, exceto que eles estão preocupados com a "cultura"? Existe (exceto pelo interesse *descritivo* dos sociólogos e antropólogos), porém, uma preocupação direta com a *promoção* da cultura? Não estão os intelectuais preocupados com várias atividades diferentes, do conjunto das quais, na medida em que ele vem a formar um padrão orgânico, pode-se dizer que representa a cultura da sociedade em que eles operam?

4. A "cultura" da Grã-Bretanha está declinando em matéria de qualidade? Se sim, quais são as evidências disso? Que passos podem ou não ser dados para que o nível possa ser elevado sem rebaixar os mais altos padrões?

Ensaio 10 | Revelação

CONTRIBUIÇÃO PARA *REVELATION*,
EDITADO POR JOHN BAILLIE E HUGH MARTIN (1937)

O que devo escrever não é uma introdução aos ensaios contidos neste livro, mas uma introdução ao assunto; e é por não ser um teólogo que fui chamado a fazê-lo. Meu interesse não está nas diferentes formas com que os homens podem acreditar em uma doutrina da revelação, com as consequências que eles podem extrair dela; tampouco nos diferentes sistemas teológicos ou nas diferentes comunhões cristãs. Meu interesse está nas diferenças gerais entre aqueles que sustentam uma doutrina da revelação e aqueles que rejeitam qualquer revelação. Supõe-se que eu tenha uma familiaridade íntima e afetiva com o limbo e as regiões inferiores em que o mundo secular se move: um conhecimento dos objetos para os quais a mentalidade teológica não costuma se dirigir. Minha qualificação são os olhos da coruja, não os da águia.

Parto do pressuposto de que a revelação cristã é a única revelação completa; e que a completude da revelação cristã reside no fato essencial da Encarnação, em relação à qual todas as revelações cristãs devem ser compreendidas.

Tomo a divisão entre aqueles que aceitam e aqueles que negam a revelação cristã como a mais profunda diferença entre os seres humanos. Ela não apenas vai mais fundo do que as divisões de fé política, divisões de classe ou de raça; ela é diferente em gênero, e não pode ser medida na mesma escala. Não necessariamente elimina tais divisões, na medida em que elas representam princípios de união e não de discórdia. Negar esses laços de sangue e de simpatia inteiramente seria ampliar o abismo entre a Igreja e o Mundo, e obstruir nossa atividade missionária indireta ainda mais do que a direta. A ênfase deveria ser no que une os cristãos por todo o mundo, e não no que os divide dos outros; de forma que a irmandade cristã deveria ser não apenas uma ideia defendida, uma frase dita, mas algo consistentemente sentido. Não obstante, é de nosso interesse estudar aquilo que se poderia chamar de folclore e práticas do mundo não cristão, pois não o converteremos a menos que o compreendamos.

Traçar a linha entre o mundo cristão e o não cristão é, em nosso tempo, algo extremamente difícil de se fazer. Não é suficiente, para os nossos propósitos, sugerir a salutar reflexão de que nem todos aqueles que negam Cristo são necessariamente Seus inimigos, e que muitos que O professam estão vivendo segundo o mundo. A primeira observação a ser feita é que nem mesmo a definição de secularismo do *Oxford English Dictionary* é inteiramente compreensiva:

> Doutrina segundo a qual a moralidade deveria ser fundamentada considerando apenas o bem-estar da humanidade na vida presente, à exclusão de todas as considerações extraídas da crença em Deus ou em um estado futuro.

Uma doutrina da moralidade baseada não *apenas*, mas *primeiramente* em relação ao bem-estar da humanidade na vida presente poderia igualmente ser classificada como secularista. Além disso, o que foge à concisão necessária em uma definição de dicionário, noções de o que é a "vida presente" e, correspondentemente, o que é "bem-estar" podem apresentar variações extremas; e só podemos dizer que o secularismo *tende* a restringir a concepção do que chamamos, ainda vagamente, de bem-estar "material". E, finalmente, uma crença pode estar longe de excluir considerações extraídas da crença em Deus ou em um estado futuro e, ainda, por causa de sua concepção da natureza de Deus, ou do estado futuro, ser predominantemente secularista.

O primeiro erro seria identificar secularismo com o que se chamou de racionalismo. Digo "se chamou" porque a palavra "racionalismo" pode em geral significar tantas coisas que, em particular, tende a significar muito menos, e a ter associações acidentais. O racionalismo do século XIX (o da Rationalist Press Society) agora parece muito antiquado: o racionalismo de Tyndall, Haeckel e do Sr. Bernard Shaw. Tal obsolescência não é resultado de qualquer renascimento religioso, antes, creio, de um estágio mais avançado de decadência religiosa. Em países como a França, em que o cristianismo ainda significa para a grande maioria a Igreja Católica Romana, e significa um catolicismo tradicional em vez da conversão individual, as forças *não* cristãs são ainda *anti*cristãs e, portanto, mantêm um repúdio a qualquer coisa que possa ser associada com a religião. O estado cético da mente ainda é, lá, fundamentalmente cartesiano; e apesar do surgimento de Bergson – cuja mentalidade não me parece caracteristicamente francesa –, estou inclinado a acreditar que as filosofias que admitem a inclusão do irracional, ou de algo que elude a compreensão racional – tal como o *vitalismo* –, são mais naturais nos países não "latinos" em que a decadência do cristianismo seguiu rota distinta. O racionalismo inglês do século XIX – não apenas o dos cientistas populares, mas o do mundo literário, como George Eliot e Leslie Stephen – tinha mais em comum com o racionalismo latino de hoje, ainda que houvesse nele um rígido zelo puritano, uma confiança na tese da coincidência do desaparecimento do cristianismo, tendo o Iluminismo e o progresso por consequência, tese essa que nos surpreende hoje por ser não apenas obsoleta, mas também provinciana.

No mundo de língua inglesa de hoje, o racionalista já não o pode ser na mesma medida. A mudança é parcial e, evidentemente, devida a novas descobertas científicas, bem como ao crescimento da crença popular segundo a qual nenhuma teoria científica particular pode ser aceita mais do que provisoriamente. Alguém pode citar situações como aquela em que é necessário que um físico sustente duas teorias contraditórias simultaneamente para ser capaz de lidar com fenômenos diferentes. Uma maior humildade é observada, e mesmo um anseio, por parte dos cientistas em vigiar um pequeno território *quasi*-religioso.

A formação da Sociedade Fabiana nos últimos anos do século XIX trouxe uma intensificação à superfície intelectual àquele conjunto de homens capazes dotados de sensibilidades desenvolvidas de modo imperfeito. O tipo de filosofia de vida que o Sr. Shaw e o Sr. H. G. Wells tinham para oferecer parecia-lhes sem dúvida satisfatória para todos, pois o era para eles. Quando se é tão afortunado (do ponto de vista deste mundo) a ponto de não ter anelos imortais, sendo ainda dotado de tal fluência na escrita a ponto de se manter eternamente entretido por seus próprios talentos, pode-se ser facilmente satisfeito. Em alguns escritores mais recentes, porém, encontramos um tom mais defensivo: estão ansiosos para assegurar seus leitores de que o futuro, em um mundo em que a ciência substituirá a religião, *não* será sombrio. O mais legível dos escritores populares contemporâneos que tratam de ciência é o Sr. Gerald Heard. O epílogo a seu *Science in the Making* contém a seguinte e notável afirmação:

> O homem, que deixou a cargo do apetite a tarefa de encontrar para ele a razão de viver, de ser o único tempero a lhe dar o prazer de morder e digerir grandes nacos do refratário mundo exterior, encontrará o apetite saciado antes mesmo de se mover. A humanidade ficará entendiada. A palavra misteriosa que pela primeira vez estendeu-se cobrindo a corte do *Roi Soleil*, espalhando-se a seguir para todos os lugares onde homens de gosto viviam libertos da mera luta por comida e acasalamento, penetrará todas as classes, de cima a baixo, até que todos disponham de ócio, até que todos sejam ociosamente ricos, providos de uma riqueza de tempo a seu dispor, de um tal modo que povo algum jamais o tenha experimentado, que povo algum jamais tivesse com isso se constrangido antes na história. Se a humanidade, então, não se encontrar demasiadamente enfadada dessa espécie de vida para alçar voo causando intencionalmente os acidentes, as tensões e as ansiedades

que lhe provirão da palpitação, do ímpeto e da súbita convicção de que a vida vale a pena (mas que a natureza não é mais suficiente); se a humanidade, através da guerra, não sucumbir deliberadamente à anarquia, destruindo a ordem que estabelecera, ela deverá, então, encontrar novos interesses e novas fontes de excitação. Há apenas um apetite que essa nova reserva de interesse pode produzir – a curiosidade, a melhor das paixões humanas. A curiosidade é impessoal, e, precisamente por isso, pode perdurar quando todos os apetites tiverem sido satisfeitos. A curiosidade não é utilitarista, podendo por isso seguir em frente quando os homens estiverem saciados em matéria de recursos. A curiosidade é inexaurível, de modo que pode encontrar novos campos e novas explorações quando o mundo inteiro que o homem tiver a explorar estiver ordenado, quando tudo a ser contemplado já o tiver sido e quando todo o poder já tiver sido empregado.

Eu disse que essa afirmação é notável. Os leitores serão lembrados, pelo estilo túrgido, não pelas sentenças mal construídas, daquela extraordinária efusão já de há uns vinte anos, o *Free Man's Worship*, de Bertrand Russell. Há uma diferença considerável; há uma diferença de vinte anos. A afirmação do Sr. Heard é ainda mais inacreditável do que a do Sr. Russell. *Curiosidade, a mais magnífica das paixões!* Vaidade das vaidades!

Outro escritor por quem tenho considerável respeito, o Sr. Herbert Read, fez uma afirmação ainda mais recente para si mesmo que poderia ser tomada como uma correção, e não uma contradição do Sr. Heard:

> Assim como a curiosidade é a faculdade que leva o homem a perscrutar a estrutura oculta do universo exterior, permitindo-lhe erguer esse edifício de conhecimentos a que chamamos ciência, assim também o maravilhar-se é a faculdade que desafia o homem a valer-se de seus poderes de novas maneiras e com vistas a novos efeitos. Perdemos esse sentido da palavra – "maravilha" é um dos mais batidos clichês da língua. Em verdade, porém, "maravilha" é uma palavra melhor e mais inclusiva que "beleza", e maravilha tem a força mais cogente sobre a imaginação humana.

Ofereço essas citações como prova de que os escritores dessa geração mais caracterizados pelo zelo para com o pensamento – aqueles cuja atenção não está totalmente tomada por futuras reformas políticas e sociais, e que, portanto, têm tempo para considerar objetivos finais – sentem a necessidade de nos assegurar que a humanidade ainda tem algo por que viver. À medida que os prazeres da iconoclastia sucumbem, a maioria dos ídolos tendo sido demolidos ou removidos dos museus, os iconoclastas consideram necessário buscar ao seu redor objetos para suprir a necessidade anteriormente satisfeita por esses ídolos. O resultado da sugestão de uma *atividade*, como a "curiosidade" ou o "assombro", para substituir um *fim*, é fazer com que a atividade pareça muito mais trivial e insignificante do que é para a pessoa de fé religiosa. A curiosidade ou o assombro, ao serem exaltados além de seu lugar adequado, tornam-se uma atividade tediosa, pois tornam-se simplesmente uma busca incansável por mais sensação (pois ela não merece o nome de experiência) do mesmo tipo. Poder-se ia pensar que Aristóteles já dissera tudo o que haveria para ser dito sobre tais assuntos, não fosse o reflorescimento, depois do tempo do Estagirita, um ressurgimento tanto mais luxurioso, aliás, daqueles tipos de doutrina que ele refutava. Uma doutrina ética sólida é frequentemente substituída não por uma mais sólida ou por uma que é antitética a ela, mas por uma ou mais de uma que seleciona algum elemento dela à exclusão dos outros.

Um escritor cronologicamente intermediário entre Shaw, por um lado, e Heard e Read, por outro, o Sr. Bertrand Russell escreveu um livro chamado *The Conquest of Happiness*, do qual se pode dizer que é uma defesa da mediocridade. Ele chega à conclusão de que na medida em que a felicidade depende da própria pessoa, e não das circunstâncias, "a receita para a felicidade é muito simples". É simples, obviamente, porque o Sr. Russell simplificou o problema a ponto de o falsificar. Não me proponho a analisar seu argumento, em que incorpora uma quantidade considerável de conselhos, baseado na descoberta pela psicologia moderna de coisas que já eram conhecidas, que são deveras lugares-comuns e perfeitamente aceitáveis. Por vezes o Sr. Russell imagina que está contestando visões tradicionais quando as está apenas afirmando de maneira parcial. Ele diz, por exemplo:

> Os moralistas profissionais [*ele não diz quais*] superestimaram o autoengano, e, por conta disso, fizeram recair a ênfase no lugar errado. O autoengano consciente deixa o homem semiabsorto e vividamente sabedor do que ele sacrificou; em consequência disso, frequentemente fracassa em seu objetivo imediato e quase sempre em seu propósito último. O que é preciso não é o autoengano, mas aquele tipo de direcionamento do interesse para o mundo exterior que conduzirá espontânea e naturalmente aos mesmos atos que uma pessoa absorta na busca de sua própria virtude apenas poderia realizar por meio do autoengano consciente.

A passagem é interessante como uma espécie de confusão do pensamento em que os secularistas frequentemente deslizam. A ética cristã, em sua forma verdadeira e completa, certamente sempre "deu ênfase" a um aspecto inteiramente diferente daquele do "moralista profissional" de que o Sr. Russell fala. A moralidade cristã não é um fim, mas um meio. O Sr. Russell simplifica seu contraste tornando-o simplesmente um contraste entre interno e externo. "Moralidade profissional" é para ele um tipo de egoísmo: a alternativa é estar interessado nas coisas e nas pessoas exteriores a si. Para o cristão há uma distinção entre superior e inferior, assim como entre interior e exterior: (a última distinção pertence a uma psicologia algo antiquada que usa os termos "extrovertido" e "introvertido"). E podemos notar dois pontos adicionais: primeiro, que parece haver uma sugestão de que a autonegação não é apenas uma atividade negativa a ser exercida em seu lugar, mas que é uma repressão a ser desencorajada; e segundo, que uma pessoa tradicional ou convencionalmente "virtuosa" é uma pessoa absorvida pela procura de sua própria virtude (indefinida).

A razão pela qual chamei o livro do Sr. Russell de um evangelho da mediocridade é a seguinte: porque ele acha que o homem ou a mulher comum muito raramente e pouco frequentemente de modo sério se incomoda com o destino do homem, porém está em um estado de flutuação entre a felicidade e a infelicidade, que depende de suas circunstâncias materiais e de suas relações com sua família e com as pessoas ao seu redor, o destino do homem é, consequentemente, algo de interesse apenas daquelas poucas pessoas cuja curiosidade fútil (um tipo de curiosidade diferente do que o Sr. Heard propõe) faz com que se preocupem com tais assuntos. O Sr. Russell monta para nossa aceitação especulativa uma teoria da vida que ele acredita ser o que a maioria dos homens, na medida em que seu autointeresse é inteligente, segue. Porém, quando tal atitude é exposta em termos intelectuais, ela se torna algo muito diferente do que é quando simplesmente é levada adiante. Poderíamos dizer que é uma visão de vida que é perfeitamente defensável até que a enunciam. Pois uma vez que levantamos a questão "Qual é o fim do homem?", podemos ir além da possibilidade de nos satisfazermos com a resposta: "Não há fim algum, e a única coisa a ser feita é ser uma boa pessoa e ser amigável com seus vizinhos".

É a diferença entre responder essa questão negativamente, como o Sr. Russell, e encontrar uma resposta insatisfatória, como o Sr. Heard ou o Sr. Read, que marca a diferença entre duas gerações de secularistas. No plano puramente político, é claro, essa é a diferença entre os socialistas (racionalistas) e os comunistas. Eu deveria dizer alguns comunistas, porque o comunismo é abrangente o suficiente para encontrar um lugar para muitos que ainda podem ser, espiritualmente, socialistas: para aqueles que o veem simplesmente como uma máquina mais eficiente do que o socialismo ou o capitalismo, para aqueles que são movidos por paixões humanitárias imediatas, assim como para aqueles que o buscam como um tipo de salvação. Observar-se-á que, embora o comunismo não tente responder esta questão – qual é o fim do homem? – e, presumo, considere-a desprovida de significado, ela oferece uma resposta a outra questão: Qual é o fim do homem ou da mulher enquanto indivíduos? E para muitas pessoas essa resposta parece suficientemente boa. É essa resposta que o comunismo é capaz de oferecer à questão: Qual é o fim do indivíduo? O que explica a "conversão" de alguns notáveis intelectuais individualistas, tais como o Sr. André Gide. Há um possível contraste a ser extraído aqui entre a conversão dos intelectuais no mundo moderno ao cristianismo e a sua conversão ao comunismo. A conversão ao cristianismo pode se dever, creio, a uma insatisfação latente com toda a filosofia secular, tornando-se, talvez, com aparente brusquidão, explícita e coerente.[1] Uma conversão ao comunismo, por outro lado, pode ser simplesmente uma fuga de um extremo para evitar o outro, com um desejo, em um plano mais profundo, de satisfazer os impulsos cristãos reprimidos sem aceitar o cristianismo. Não sugiro que se possa dar conta de todos os casos de conversão nessas formas; creio, porém, que a sugestão que acabo de fazer dá conta do caso do Sr. André Gide. Ele percebeu que seu individualismo *immoraliste* não o levava a lugar algum, ou ao menos o levava a um beco sem saída: e não parecia lhe restar nada mais a fazer, para evitar o cristianismo, senão tomar a outra direção extrema.[2] Fracassando nas satisfações do individualismo, o Sr. Gide volta-se a uma doutrina que, embora não tenha nada a dizer sobre a questão "qual é o fim do homem?", pode dizer bastante sobre a autorrendição do indivíduo à sociedade. A *âme collective* cumpre o papel divino. É digno de nota que o Sr. Gide (apesar de sua distinta

---

[1] Nessa comparação estou deliberadamente ignorando a obra de graça para mantê-la no plano secular.

[2] A conversão do Sr. Gide ao comunismo tem sido apresentada como algo que envolve um sacrifício heroico de seus talentos criativos. Pode-se, é claro, retorquir que possivelmente a exaustão dos talentos criativos do Sr. Gide tenha tido algo a ver com sua conversão ao comunismo.

conexão com Charles Gide) jamais demonstrou qualquer interesse pela economia, e ainda professa absoluta ignorância sobre o assunto. (Ele conserva a encantadora franqueza que sempre foi uma de suas mais admiráveis qualidades.³) Não posso deixar de acreditar que o motivo do Sr. Gide foi fundamentalmente o *desejo por sua salvação individual* – que pode continuar sendo um desejo por algo para si, mesmo quando é um desejo de escapar de si. Estou mais inclinado a crer nisso porque os escritos do Sr. Gide sempre me pareceram pertencer a uma classe de literatura da qual não são nem o primeiro nem o último exemplo: aquela em que o autor é movido parcialmente pelo desejo de se justificar e parcialmente pelo desejo de se curar. Os maiores autores jamais escreveram por essas razões; inclui-se nessa classe, entretanto, muito do que há de melhor entre os escritos de segunda linha.⁴

O misticismo marxista não é o único misticismo secular que tem sido propagado em nosso tempo. Não pretendo discutir o misticismo

---

³ De acordo com *compte rendu* de um debate que se desenrolou alguns anos atrás entre o Sr. Gide e alguns de seus críticos não cristãos, ele professou ter sido movido largamente por motivos humanitários. Eu não os depreciaria, porém eles não parecem inteiramente adequados em si.

⁴ Para uma fervente expressão do desejo por salvação através da fuga da individualidade, ver um ensaio do Sr. J. Middleton Murry em um simpósio chamado *Marxismo* (Chapman and Hall, 1935). O Sr. Murry pode ter mudado suas visões desde então e, ainda que não o tenha, pode desejar reescrever algumas de suas páginas: pois na p. 105 ele diz: "No coração do marxismo jaz um esforço implacável de 'despersonalização', que a menos que um homem tenha experimentado, não creio que jamais venha a ser um marxista, exceto no nome. É claro, isso é verdade não apenas para o membro da 'sociedade burguesa' que se torna um marxista [...]". Porém, no fim do mesmo parágrafo, diz: "Esse esforço implacável de despersonalização, de que falei, é dever de qualquer proletário que queira ser marxista, assim como de qualquer burguês". O Sr. Murry nos diz enfaticamente que o indivíduo é uma ilusão e que "sua única realidade concreta é a de uma célula do organismo social, governado por leis inconscientes". O ponto é que o Sr. Murry começou com a noção do "indivíduo" que não é cristã, para terminar negando a existência do indivíduo. Ele deriva o marxismo de Espinosa.

racial ou imperial, pois não parece, filosoficamente, merecer muita atenção. A mais notável, a mais ambiciosa tentativa de erguer uma filosofia de vida secular em nosso tempo – embora, é claro, não a mais influente – é aquela do finado Irving Babbitt. Em uma análise como essa, Babbitt merece mais atenção do que qualquer um dos outros escritores que mencionei ou que mencionarei. Em primeiro lugar, o motivo de Babbitt era uma consciência dos males do mundo secular moderno, bem como um alarme perante eles; e seu trabalho como um todo constitui o mais completo e meticuloso diagnóstico jamais feito da doença tal como ela se mostra na literatura, na educação, na política e na filosofia. Sua erudição era não apenas prodigiosa, como organizada de forma a em todo momento reforçar a estrutura de seu pensamento. Ele via conexões que mente alguma teria percebido. Ele não era um construtor de sistemas. O que o torna único é que, embora ele mesmo fosse um descrente, mesmo um oponente da religião revelada, atacava as fundações do secularismo mais profunda e mais abrangentemente do que qualquer outro escritor de nosso tempo. Sua mente, em sua periferia, tocando questões e filosofias de nosso tempo, poderia ser a mente de um cristão; e à exceção de um critério cristão, não vejo como podemos discordar de suas conclusões. Temos de penetrar o interior para encontrar a causa da insatisfação.

Escrevi em outro lugar, e há muitos anos, sobre a impropriedade da doutrina da "alta Vontade" e do "controle interior" de Babbitt, e não me proponho a repetir minhas críticas a ele quanto a tais pontos. Porém, um ensaio póstumo que foi publicado ano passado (*The Dhammapada: Translated from the Pali with an Essay on Buddha and the Occident*) traz a ocasião para uma análise com um foco mais específico em nosso assunto. A questão é a seguinte: por que Babbitt, com uma mente e uma bagagem tais que, ao menos aparentemente, só poderiam ser sustentadas pelo cristianismo, teria se voltado ao budismo primitivo (*Hinayana*) em vez disso. Antes, porém, será de alguma ajuda se pudermos tirar alguma conclusão sobre o que ele deduziu do budismo.

Creio que uma atenção diligente a esse importante e interessante ensaio revelará um desejo firme e inconsciente de evitar conclusões cristãs a qualquer custo, mesmo ao custo do que podem parecer a outros que não o autor características importantíssimas do budismo. Uma das razões por que o budismo tem tanto apelo para ele é, aparentemente, sua hostilidade às ideias platônicas, e sua aversão à influência platônica sobre a teologia cristã. "Buda é tão desconcertante para nós", diz Babbitt, "porque doutrinalmente ele nos lembra os mais extremos de nossos filósofos ocidentais do fluxo, e, ao mesmo tempo, pelo tipo de vida para que apontava, lembra-nos antes os platônicos e os cristãos." E, no entanto, ele reconhece muito claramente que o contraste entre o fluxo e o eterno é tão vital para o budismo quanto para o cristianismo, pois afirma a seguir: "De acordo com Buda, tudo que é corruptível não apenas é irreal, como finalmente ilusório". Ao longo do ensaio ele insiste nessa diferença entre o budismo e o cristianismo: que no budismo pode-se chegar a um sobrenaturalismo genuíno sobre uma base "estritamente experimental", por razões que são "não metafísicas, mas práticas", pelo conhecimento das "informações imediatas da consciência", sobre "bases psicológicas", através de um "método prático e psicológico". É interessante descobrir o que pode e o que não pode ser afirmado com bases "estritamente experimentais", ou o que significa ser um "sobrenaturalista crítico e experimental". Quando Babbitt diz "sobrenaturalista", ele não quer dizer uma pessoa que acredita em milagres: sobre isso ele é bastante cauteloso. O que é especificamente sobrenatural, diz ele, em Buda e em outros professores religiosos tais como São Francisco, é "o seu alcançar de certas virtudes"; dentre elas, nosso autor põe a humildade no topo. Fica claro um pouco depois que o que nos concerne não é a humildade, mas "o equivalente psíquico" da humildade, ou seja, um desejo que transcende a ordem cósmica. E ele afirma a existência de uma "qualidade do desejo" peculiar ao homem como uma das informações imediatas da consciência. Ele está certo disso, e igualmente certo de que a alma e a existência de Deus não são informações imediatas da consciência. E, no entanto, ele não considera a questão de podermos falar sobre informações imediatas da consciência a menos que – o que está longe de ser o caso – concordemos, em geral, quanto ao que elas são: caso contrário, a informação de um homem pode se revelar a construção de um outro.

De acordo com o esquema de Babbitt, a primazia de uma certa "qualidade do desejo" distingue o budismo. Nesse ponto, porém, ele não está, aparentemente, contrastando o budismo com o cristianismo, mas com as visões dos "filósofos ocidentais" de Descartes em diante. E ele admite que essa "qualidade do desejo budista [...] tem estado quase inextricavelmente associada, no Ocidente, à doutrina da graça divina, e tem sido obscurecida em proporção direta com o declínio dessa doutrina".

Podemos reclamar aqui que, uma vez que seu budismo é, por suposição, um budismo puro, não corrompido pelas práticas e doutrinas dos últimos tempos, seria seu dever contrastá-lo com o cristianismo igualmente puro de qualquer período que escolha; e que não devemos nos distrair com corrupções ou perversões da doutrina cristã, já que não o fazemos na consideração a propósito do budismo. Porém, embora essa excelente qualidade do desejo tenha sido obscurecida, no Ocidente, pelo declínio dessa doutrina da graça, ainda assim também é a associação do desejo com essa doutrina a que Babbitt objeta. Pois a graça não apela à mente prática, experimental, realista, embora essa mesma mente prática possa aceitar a ideia do "eu elevado" como um eu "que um homem possui em comum com outros homens". Nesse ponto Babbitt pareceria estar muito próximo do Sr. Murry e dos comunistas místicos; é o "individualismo" de Buda, porém, que mais poderosamente o atrai. Ele observa:

> A pessoa que assume uma atitude genuinamente crítica é finalmente forçada a aceitar de uma forma ou de outra a máxima de que o homem é a medida de todas as coisas. Se nos dizem, nas palavras de Platão, que não o homem, mas Deus, é a medida de todas as coisas, a resposta óbvia é que talvez o homem não dê em lugar algum sua própria medida tão claramente quanto em sua concepção de Deus [...].

Ao que a resposta óbvia é precisamente que esta pode ser uma resposta óbvia, porém é uma réplica inteligente e sofisticada sem, no entanto, ser uma resposta. Se um homem dá sua própria medida em sua concepção de Deus, então deve haver um Deus em relação ao qual a concepção do homem é medida.

Há, momentos, de fato, em que Babbitt parece oferecer ao budismo a mesma séria consideração do cristão, não como uma alternativa preferível, mas como um complemento.

> O verdadeiro budista, como o verdadeiro cristão, tem uma visão sombria do homem não convertido.
> Seu paradoxo do amor-próprio, interpretado à luz da renúncia, não se mostra tão diferentemente do paradoxo cristão de que morrendo, vive-se.
> Em geral, um benefício colateral de qualquer compreensão que se possa alcançar de Buda é que ela ajudará a melhor compreender Cristo.
> A religião também olha para a vida como um processo de ajustamento. Esse processo, tal como contemplado pelos cristãos, é resumido definitivamente na frase de Dante: "Em sua vontade está nossa paz". Uma leitura das palavras como o *Dhammapada* sugere que o equivalente psicológico dessa forma de ajustamento não era estranho para Buda.

Pode-se observar, sobre a última dessas citações, que não fica provado que possa haver qualquer "equivalente psicológico"; e isso nos leva à observação posterior de que Babbitt por vezes parece não estar ciente das diferenças – e nem das semelhanças – entre o budismo e o cristianismo. Suas observações sobre o misticismo cristão sugerem que há talvez uma lacuna em sua imensa erudição; sem dúvida o há em sua compreensão. Porém, sua avaliação relativa de ambas as religiões pode ser avaliada com base no seguinte:

> Pareceria desejável, então, que aqueles que objetam, quer por razões humanísticas, quer por razões religiosas, à atitude exagerada dos naturalistas científicos não se sobrecarregassem com qualquer bagagem metafísica ou teológica, e que seu apelo fosse à experiência, e não a algum contradogma.

O que deve ser tomado como uma rejeição pura e simples da revelação.

Agora, um fato mais marcante chama a atenção do leitor no momento em que ele termina esse ensaio. Quando Babbitt fala do cristianismo, ele poderia estar falando de uma das formas decadentes de religiosidade que ele via em torno de si, no entanto ele está preocupado com uma fé segundo a qual os homens professaram viver durante aproximadamente 2 mil anos. Quando ele fala do budismo, ele está lidando com uma abstração refinada, com os textos, com as palavras do mestre. Ele não está comparando Buda com Cristo, ou o budismo com o cristianismo, e sim Buda e o cristianismo. E há ainda mais uma omissão notável. Não creio que seu argumento, ou melhor, sua persuasão, seja tão invalidada por sua rejeição do que veio depois de Buda, ou por sua ignorância do que veio antes. Buda pode ser visto como um reformador de uma religião que existira por muito tempo antes dele, e uma das suposições daquela religião era a doutrina da reencarnação. Babbitt afirma, de passagem: "Supõe-se que um Buda esteja imediatamente consciente não apenas de seu próprio *karma*, mas, de acordo com sua vontade, do *karma* dos outros". Porém ele não nos diz se ele mesmo acredita em *karma* e na reencarnação, ou na doutrina segundo a qual já existiram muitos Budas. Gostaríamos de saber se essas questões são de uma "bagagem metafísica e teológica desnecessária", ou da experiência. O ponto também não é se o próprio Buda acreditava nessas doutrinas ou não: o ponto é que a reencarnação estava tão arraigada na mentalidade de seus ouvintes que era vista como uma categoria de seu pensamento, e que seus ensinamentos supõem sua verdade. E é tão essencial para o budismo quanto os estados futuros do paraíso e do inferno são para o cristianismo.

"O conhecimento em matéria de religião vem de par com a vontade." Isso me parece afirmar, embora talvez unilateralmente, uma verdade muito importante. Quanto mais inteligente e sensível for o secularista, mais claramente há de se manifestar nele a deflexão da vontade. E essa mesma frase cito-a do ensaio de Babbitt sobre o budismo.

Sugiro que o budismo de Irving Babbitt não é simplesmente um budismo *purificado*, a essência do budismo livre de todas as grosseiras superstições e tornada palatável para o intelectual e para o homem culto modernos: é antes um budismo artificial – não apenas purificado, mas *enlatado*; separado de todas as maneiras tradicionais de se comportar e de sentir que foram necessárias para torná-lo uma religião viva em seus próprios ambientes, que o tornaram uma religião tangível para todos os níveis de inteligência e sensibilidade, desde o mais alto até o mais baixo. Ele tem, portanto, algo em comum com o *misticismo psicológico*, que é um fenômeno da decadência, e não do crescimento. Trata-se de misticismo que busca contato com as fontes de poder sobrenatural, divorciadas da religião e da teologia; o misticismo que deve sempre ser suspeito, e que por vezes brota nos cultos cujos objetivos não estão muito afastados daqueles da magia.

É significativo que esse misticismo psicológico tenha aparecido recentemente na obra de um escritor muito afastado de Irving Babbitt em sua atitude, um escritor cuja maioria dos escritos Babbitt teria provavelmente associado com muito do que ele desaprovava. A mistura de preconceito violento com simpático interesse pelo cristianismo mostrada nos escritos de Babbitt encontra uma curiosa analogia nos escritos do Sr. Aldous Huxley. A maioria de nossos comunistas mostra indiferença, e não hostilidade, para com o cristianismo: uma indiferença possível apenas sobre um fundamento de ignorância, insensibilidade e falta de curiosidade. O Sr. Huxley não é nem ignorante, nem insensível, nem pouco curioso; ele tentou manter um ceticismo inteligente em um mundo de crescente barbarismo. Ele tem escrito com frequência sobre o cristianismo, respirando um tipo de fogo baixo e uma fúria hostil que parecem indicar que ali há algo que interessa ao autor. É interessante, portanto, depois de considerar o que disse Babbitt sobre o *Dhammapada*, ler a última página do *Peace Pamphlet* do Sr. Huxley (*What Are You Going to Do About It?*). Aqui o encontramos advogando a prática da "meditação" (da qual Babbitt também era devoto), especificamente para o propósito de produzir a vontade pela paz.

> As fontes da vontade estão abaixo do nível de consciência em uma região mental em que o intelecto e o sentimento são largamente inoperantes. Onde quer que elas possam estar – e muitas teorias teológicas e psicológicas têm sido elaboradas para explicar sua natureza e seu modo de ação –, os ritos religiosos, a prece e a meditação são dispositivos para afetar as fontes da vontade. É uma questão de experiência empírica que a meditação regular sobre, digamos, a coragem ou a paz frequentemente ajudam o meditador a ser bravo e sereno. A prece pela força moral e pela tenacidade de propósito é, de fato, muito frequentemente respondida. Aqueles que, para expressar em uma ação simbólica uma ligação a uma causa, tomam parte em impressionantes cerimônias e ritos frequentemente saem fortalecidos em seu poder de resistir a tentações e de fazer sacrifícios pela causa. Há fortes evidências de que a prática de algum tipo de exercício em comum é extremamente útil para aqueles que a empreendem [...]. A meditação é uma técnica psicológica cuja eficácia não depende de qualquer crença teológica prévia. Ela pode ser praticada com sucesso por qualquer pessoa que esteja preparada para dar-se ao trabalho necessário.

Essa é uma afirmação muito interessante. Certamente não serei eu a negar que a "meditação é uma técnica psicológica cuja eficácia não depende de qualquer crença teológica prévia". Apenas sustento que se ela não depende de uma crença teológica prévia, nem leva a isso, então ela não é uma técnica que deve ser deveras suspeita. Ela se revela apenas uma maneira oculta de fazer as coisas do seu próprio jeito; ela pode encorajar a *libido dominandi*. O Sr. Huxley seria o último a negá-lo; ele apenas insistiria que meditar para produzir a paz é obviamente meditar por uma boa causa. Até aqui, tudo bem; mas de um ponto de vista cristão – de qualquer ponto de vista religioso –, ela não pode ser uma causa final boa, na medida em que a paz em si (a paz deste mundo) não é um fim, mas um meio. Pode haver impureza de motivos em nossa devoção *natural* até mesmo em uma causa tão boa quanto a paz; e no esforço de purificar nossos motivos para desejar a paz, no esforço de isolar para contemplação a ideia essencial de paz, devemos, creio, ser levados ao problema teológico último do fim do homem. Caso contrário, é um empenho em empregar grandes e desconhecidas forças para fins imediatos e inadequados: e isso me parece estar nos colocando em um perigo espiritual extremo. É uma tentação ainda maior do que a do eudemonismo, possivelmente a ataraxia, a que a meditação de Babbitt pode levar.

No entanto, não introduzi o misticismo do Sr. Huxley por seu interesse intrínseco, e menos ainda para discutir o problema da paz, porém como uma prova da tese de que o secularismo de hoje não é uma força sólida de tropas disciplinadas, mas uma diversificada multidão de afiliações. Posso dizer, nesse momento, que não entendo por secularismo, fundamentalmente, as várias distrações da vida cristã, as várias tentações de viver em um nível simplesmente animal, que tanto afligem o fiel. Meu interesse não é no cinema, ou na imprensa, ou no rádio, ou nas influências degradantes da civilização mecanizada. Essas são questões bastante sérias, mas constituem um problema menor. Elas representam apenas a forma contemporânea – embora possa ser uma forma mais poderosa e mais opressiva do que qualquer uma que lhe antecedeu – da permanente força do mundo contra o qual o espírito deve sempre lutar. Estou interessado nas ideias, nas filosofias, não importa quão incipientes, que ou bem toleram essas coisas, ou bem fracassam na oposição a elas da maneira correta. Pois devemos lembrar que quase toda filosofia ou sistema social secular, mesmo aqueles que devemos ver como definitivamente hostis, opõem-se eles mesmos a *algumas* das características da sociedade contemporânea que nós condenamos.

O fato é que a situação da crença no mundo moderno é mais análoga à situação do Império Romano tardio do que à de qualquer outro período que conhecemos. E uma das características semelhantes é o misticismo psicológico de que estive falando.

Há muitas outras filosofias individualmente dignas de discussão; e é óbvio que este artigo seria mais preciso se eu não me confinasse quase inteiramente a exemplos da Inglaterra e da América, mas considerasse os homens, individualmente, de igual importância em outros países. Sei que devo ter algo a dizer sobre Stefan George, e certamente sobre Max Scheler e possivelmente sobre Friedrich Gundolf; do mesmo modo, sei que deveria ter feito um relato histórico sucinto de como as coisas chegaram a tal ponto, sem deixar de dar o espaço devido a Schopenhauer, Wagner e Nietzsche. Eu deveria passar por Schleiermacher e Feuerbach, e deveria ter uma longa nota de rodapé sobre o positivismo lógico, especulando o quanto ele deve a G. E. Moore por um lado, e a Brentano, Husserl, Meinong e Heidegger, por outro. Mas isto é um artigo, e não um livro; e é um artigo escrito para uma ocasião especial. Parece-me, portanto, apropriado usar o material que está pronto em minha cabeça, sem sequer tomar o tempo refrescando minha memória de autores que li apenas uma vez, ou ainda menos para estudar às pressas, feito colegial em véspera de exames, obras que jamais li. De modo que, antes de fazer minhas observações finais, tenho a obrigação de considerar um homem que não pode ser omitido, um inglês que não pode ser copiado ou substituído por um espécime de qualquer outro país, cuja posição é única, e cuja atitude peculiar com relação ao cristianismo não me parece ter sido muito corretamente avaliada. Trata-se de D. H. Lawrence.

A questão é que a vontade de sair do cristianismo para entrar em uma religião própria agiu sobre Lawrence assim como sobre Babbitt. As diferenças extremas entre os dois homens (como eles não teriam gostado um do outro) facilmente dão conta de suas fugas em direções opostas; mas há certa similaridade no motivo. Ambos surgiram em ambientes que (ainda que diferentes em outros aspectos) deram-lhes uma experiência precoce de um cristianismo longe de estar em seu melhor; e eles jamais foram capazes de ver o cristianismo como qualquer coisa senão o cristianismo que fez parte de suas importantes e precoces experiências sensitivas. Homens menos passionais e poderosos, de maneira muito semelhante em seu próprio nível, passaram pela vida incapazes de identificar o cristianismo com qualquer outra coisa senão o odor desagradável da capela de sua escola, ou a um preceptor particular de que não gostavam. Encontramos em Babbitt uma vontade suspeitosamente determinada de não ser enganado – uma vontade de ser "moderno", "empírico" e "experimental" a qualquer custo, mesmo ao custo de usar tais palavras apenas como exclamações emocionais. Lawrence é menos complicado e em alguns aspectos menos interessante. Sua determinação contra o cristianismo é mais fácil de entender. Pois Babbitt era por natureza um homem educado, assim como bem informado: Lawrence, ainda que tivesse adquirido muito mais conhecimento e informação do que jamais veio a ter, não deixaria de ser inculto. Por homem "educado" entendo o seguinte: a posse de uma apreensão tal dos contornos do mapa do que foi escrito no passado, de maneira a perceber instintivamente o lugar a que cada coisa pertence, e o lugar aproximado a que tudo que se cria de novo tende a pertencer; significa, além disso, ser capaz de levar em conta todos os livros que ainda não leu e todas as coisas que não compreende – significa ter alguma compreensão de sua própria ignorância. Com essas duas singulares limitações – a determinação contra o cristianismo que era um resíduo da infância e da adolescência, e o temperamento rude, inculto –, Lawrence começou uma busca por uma religião que duraria toda sua vida.

Quaisquer que fossem suas desvantagens, um homem da habilidade de Lawrence, e com tal vício, pode ser de fato de grande valor; e é como investigador da vida religiosa – como uma espécie de *contemplador* no lugar de teólogo – que ele me parece ocupar uma posição de destaque que lhe pertence de direito. As pessoas lamentaram a degradação do notável novelista de *Sons and Lovers* para o surgimento de um homem da medicina; porém, por mais que eu admire esse livro doentia e moralmente ininteligível, considero o homem da medicina muito mais importante do que o novelista. O Sr. Aldous Huxley, em seu admirável prefácio às cartas reunidas de Lawrence,[5] diz que "Lawrence foi sempre e inevitavelmente um artista". A mim, ele nem sequer me parece um artista, mas um homem com um caderno de notas: sua poesia, um interessantíssimo trabalho de amador, são apenas notas para poemas. O Sr. Huxley diz significativamente um pouco depois: "O fato de ele ser um artista explica a vida que, quando esquecemos de tal fato, parece inextricavelmente estranha". A verdade é, claro está, que um artista precisa viver uma vida lugar-comum se quer fazer seu trabalho – uma vida muito mais rotineira, e de fato menos "inextricavelmente estranha" do que a de um político ou de um corretor de títulos. Um artista pode ter elementos em sua composição que o levam em direção a excessos de um ou de outro tipo, porém o fracasso em mantê-los sob controle leva ao fracasso em sua arte. Não penso, no entanto, em Lawrence nem como artista, nem como um homem que fracassou na arte; penso nele, como sugeri, como um pesquisador da emoção religiosa. E a menos que o vejamos como tal, corremos o risco de dar demasiada

---

[5] Reeditado no recente livro de ensaios do Sr. Huxley, *The Olive Tree*.

importância às suas visões sobre o sexo e sobre a sociedade, às suas extravagâncias psicológicas e às peculiaridades pessoais que podem explicar suas aberrações. Com a crítica das doutrinas particulares de Lawrence – seu feminismo,[6] sua *âme collective*, sua inconsciência – concordo em grande parte com o Sr. Wyndham Lewis na seção de seu *Paleface* devotada a Lawrence. Creio, entretanto, que algo de valioso persiste, se sabemos como usá-lo.

Na oscilação – de que falarei agora – das filosofias seculares entre extremos antitéticos, há um par de opostos que é pertinente mencionar neste ponto. A mente humana é perpetuamente compelida entre dois desejos, entre dois sonhos, cada um dos quais pode ser uma visão ou um pesadelo: a visão e o pesadelo do mundo material, e a visão e o pesadelo do imaterial. Cada um pode ser, por sua vez, ou para mentes diferentes, um refúgio para o qual fugir, ou um horror de que se busca escapar. Desejamos e tememos igualmente dormir e acordar; o dia traz a rendição da noite, e a noite traz a rendição do dia; vamos dormir como se fôssemos para a morte, e acordamos para a danação. Movemo-nos, fora da fé cristã, entre o terror do puramente irracional e o horror do puramente racional. Lawrence tinha uma capacidade verdadeiramente extraordinária para se exacerbar com o mundo moderno, com seu iluminismo e seu progresso, quer em uma vila mineira do interior ou em uma sociedade intelectual metropolitana. Este mundo era seu pesadelo; ele queria um mundo em que a religião fosse real, não um mundo de congressos da Igreja e de periódicos religiosos, nem mesmo um mundo em que se poderia *acreditar* em uma religião,[7] porém um mundo em que a religião seria algo mais

---

[6] A característica mais censurável de O *Amante de Lady Chatterley* é certamente a visão do homem como um mero instrumento dos propósitos da mulher.

[7] Compare, para uma atitude muito diferente com relação a uma apreensão semelhante, as palavras de Dom John Chapman (*Spiritual Letters*, p. 47): "[...] o *julgamento correspondente* de nossos contemporâneos parece ser o

profundo do que a crença, em que a vida seria uma espécie de comportamentalismo religioso. Daí os saltitantes índios, que, em *Mornings in Mexico*, inspiraram alguns de seus melhores e mais brilhantes escritos. Ele deseja chegar tão baixo quanto possível na escala da consciência humana, para encontrar algo de que pudesse ter certeza ser *real*.

Essa tentativa é fundamentalmente quimérica. Não sentimos que Lawrence realmente entrou na pele de seus Hopis, nem que ele desejaria fazê-lo, porque ele era um homem civilizado e sensivelmente consciente, e seus índios, sentimos, são bastante estúpidos. Ele apenas fez um registro maravilhoso de como os índios afetavam Lawrence. Ainda assim sua tentativa equivocada era o resultado da percepção de algo muito importante. Ele percebia que a religião não é simplesmente um código moral, e jamais pode sobreviver como se o fosse. Tampouco faz muito sentido dizer que a religião é "boa". Outras coisas são boas ou ruins com relação à religião de alguém. Se (penso que ele teria dito) você chegar à conclusão de que somente pode aceitar uma religião "má", então, por amor de Deus, faça-o, pois isso está muito mais próximo da verdade do que não ter religião alguma. Pois o que a religião má tem em comum com a boa é mais importante do que suas diferenças; e é mais importante realmente sentir o terror do que cantar salmos cominatórios. Assim, ele se devotou, por um imenso esforço da vontade – o mesmo esforço que o cristão tem de fazer em direção a um fim diferente –, a acreditar no espírito da natureza, e a tentar venerar toras e pedras. E com a mesma perseverança ele se dedicou

---

sentimento de não ter fé alguma; não tentações contra qualquer artigo em particular (comumente), mas um mero sentimento de que a religião não é verdadeira. É um purgante admirável, assim como fora o do século XVIII; ele tira todo o prazer de nossos exercícios espirituais, e despe nossa alma, deixando-a nua. É muito desagradável". Lawrence não via necessidade alguma de resistir a isso. Seria injusto dizer que ele fugiu; porque nunca lhe ocorreu que havia qualquer outro caminho a ser tomado.

a uma atitude cética em relação à ciência, pois ele via que a ciência oferece apenas uma verdade relativa, e como não podemos conhecer as relações, é melhor – a mente contemporânea sendo o que é – que a neguemos inteiramente, do que a aceitemos como algo absoluto que ela não é.

A religião de Lawrence pode ser um critério útil para testarmos a realidade de nossa fé: ela pode servir como um lembrete constante de que o cristianismo é assustador, aterrador e escandaloso para aquela mente secular que somos todos compelidos, em alguma medida, a compartilhar. Porém em si, ela permanece no nível do secularismo, porque continua sendo uma religião de poder e de magia. Ou melhor, a religião que Lawrence gostaria de alcançar é uma religião de poder e de magia, de controle, e não de devoção. O que ele, sendo um homem civilizado, realmente atingiu foi, é claro, apenas uma religião de autoterapia. Era como a busca incansável do hipocondríaco por um clima em que ele pode ser curado, ou em que ele pode ao menos suportar mais facilmente sua enfermidade. Talvez esse motivo exista em todos nós, mas, nesse caso, ao menos podemos esperar que a nossa consciência disso ajude a mantê-lo em seu lugar. Podemos gritar, *Jesus, filho de Davi, tende piedade de mim!*,[8] porém só poderemos ser curados se nossa fé for mais forte até mesmo do que nosso desejo de sermos curados.

O propósito desta breve e sem dúvida algo arbitrária análise foi, antes de tudo, mostrar que não sofremos, hoje, simplesmente de uma "perda de fé" – uma perda de fé que traz consigo, inexoravelmente, uma vitalidade diminuída –, mas de uma forte e positiva má orientação da vontade. Centrei minha atenção sobretudo nas más direções individualistas da vontade, não nas más direções coletivas de natureza política; porém devemos manter também as últimas em mente.

---

[8] Lucas 18,38. (N. T.)

Gostaria agora de detalhar o que me parecem ser as principais características das filosofias sem revelação.[9]

A primeira característica é a *instabilidade*. Se houvesse uma ciência da psicologia social, ela ofereceria, sem dúvida, um conjunto de termos convenientes para explicar a necessidade da impermanência. Podemos dizer, no entanto, que qualquer filosofia de vida que seja construção de qualquer mente individual deve ser consideravelmente condicionada por fatores de que tal indivíduo não é consciente. Um homem nunca é puro intelecto, sua mente é condicionada por sua sensibilidade e por sua constituição física. Pode-se observar que enquanto a impessoalidade do pensamento é, na melhor das hipóteses, apenas um ideal em cuja direção alguma aproximação pode ser alcançada, na filosofia moderna, divorciada da teologia, esse ideal em si foi renunciado. Somos capazes até de adotar uma atitude *estética* com relação à filosofia, de forma que o trabalho de um filósofo individual pode ser desfrutado, não pelo que pode haver de verdade nele, mas como uma apresentação artística da personalidade do filósofo. Há, é claro, personalidades grupais aparentes na filosofia, assim como personalidades individuais – de forma que se diz que os filósofos de Oxford e de Cambridge são incapazes de entender uns aos outros. Isso é em parte uma reação saudável contra o "pensador solitário" (Espinosa polindo lentes, o Sábio de Koenigsberg, Marx no Museu Britânico), pois de todos os pensadores, o solitário tende a ser o mais controlado por aquela parte de si sobre a qual ele nada sabe. Não importa, contudo, o quanto nos agrupemos, é apenas por meios humanos que podemos chegar ao tipo de estabilidade e unanimidade de crença que pode ser atribuído a um enxame de

---

[9] Podem-se mencionar, neste ponto, as características daquelas religiões que são não históricas. Porém, não cabe no escopo deste artigo, que está preocupado especialmente com o secularismo, expor a visão (implícita no que digo) de que a revelação no sentido completo é a Encarnação.

abelhas. Em última instância, à parte a revelação, não parece haver critério algum para a credibilidade filosófica.

A segunda característica é a *recorrência*. As mesmas filosofias tendem a reaparecer de novo e de novo, algumas vezes por meio de uma reapresentação deliberada, mas talvez mais frequentemente de maneira inconsciente. Facilmente acreditamos que algo é inteiramente novo quando é apenas um novo modelo, adaptado ao lugar e à época, de alguma doutrina da Antiguidade. Aqueles que anseiam por um paraíso terreno têm que sustentar que a chave para os problemas humanos foi encontrada pela primeira vez.

A terceira característica está implicada na segunda: é *a tendência* de cada filosofia extrema a *evocar um oposto*, e por vezes a transformá-lo por meio de uma metamorfose imperceptível. Dessa forma, há uma oscilação entre o individualismo e o coletivismo; entre o racionalismo e o intuitivismo; e um humanitarismo exagerado pode levar à crueldade e à tirania. Tudo isso nasce do titanismo, ou da tentativa de construir um mundo puramente humano independente da graça.

A quarta característica das filosofias seculares é a dos *resultados imediatos*. É fácil inventar filosofias que parecerão, para os incultos, mais promissoras do que o cristianismo: que parecerão mais factíveis, mais válidas, quer para seus inventores individualmente, quer para um grupo limitado ou sob condições provisórias de tempo e lugar. As filosofias seculares devem inevitavelmente, na atmosfera do mundo moderno, exercer uma atração com a qual o cristianismo não pode competir. Elas são sempre apresentadas como novas, e como capazes de resolver tudo de uma vez.

Devemos lembrar também que a escolha entre cristianismo e secularismo não é simplesmente apresentada à mente inocente, *anima semplicetta*, como a um juiz imparcial capaz de escolher o melhor quando ambas as causas foram inteiramente argumentadas. Toda a tendência da educação (no sentido mais amplo – as influências agindo sobre a mente comum sob a forma de "esclarecimento") tem sido por muito tempo a de formar mentes cada vez mais adaptadas ao secularismo, e cada vez menos equipadas para compreender a doutrina da revelação e suas consequências. Mesmo nos trabalhos apologéticos cristãos, algumas vezes a suposição é a da mente secular.[10] Qualquer apologeta que apresente a fé cristã como uma *alternativa preferível* à filosofia secular, que combate o secularismo em seu próprio terreno, está fazendo uma concessão que é uma preparação para a derrota. A apologia que prossegue de uma parte do corpo de crenças cristão para a outra, testando cada uma delas de acordo com padrões seculares de credibilidade, e que tenta conceber a crença cristã como um conjunto de partes aceitáveis, para terminar depositando o menor ônus possível a cargo da fé, parece-me executar o oposto do método adequado. Não deveríamos primeiro tentar compreender o significado do cristianismo como um todo, levando a mente a contemplar primeiro o enorme abismo entre a mentalidade cristã e os hábitos seculares de pensamento e sentimento em que, na medida em que abandonamos a vigília e a prece, tendemos a cair? Quando tivermos apreciado o terror dessa diferença, estaremos em melhores condições de examinar o corpo de nossa crença analiticamente, e ponderar o que é verdade permanente e o que é transitório ou errôneo. Se mesmo os apóstolos, durante a vida de nosso Senhor e imediatamente após a Sua morte e ressurreição, sofreram ocasionais lapsos de fé, o que

---

[10] Por exemplo, a doutrina da condenação das crianças não batizadas tem sido comumente rejeitada nos tempos modernos simplesmente porque é repugnante. Porém, o desenvolvimento do estado de espírito para o qual a doutrina é repugnante deve ele mesmo ser examinado antes que possamos aceitá-lo com segurança; e a questão da repugnância de uma doutrina não é a mesma de sua verdade. Esse é, talvez, o caso extremo, porém é obviamente muito perigoso confiar em um sentimento de crescimento recente, especialmente quando os sentimentos religiosos mais elevados certamente têm tendido à atrofia ou à oclusão.

esperar de um mundo em que a vontade tem sido poderosa e progressivamente mal direcionada desde há muito tempo? O que uma leitura discursiva da literatura do secularismo, ao longo de muitos anos, me leva a acreditar, no entanto, é que o sentimento religioso – que somente pode ser inteiramente satisfeito através da mensagem completa da revelação – simplesmente está sofrendo de uma doença repressiva dolorosa para aqueles em que ela é reprimida, que anseiam pela satisfação de sua crença, embora demasiado envergonhados desse anseio para se permitir tomar consciência dele.

Para conhecer mais sobre a obra de T. S. Eliot, leia também:

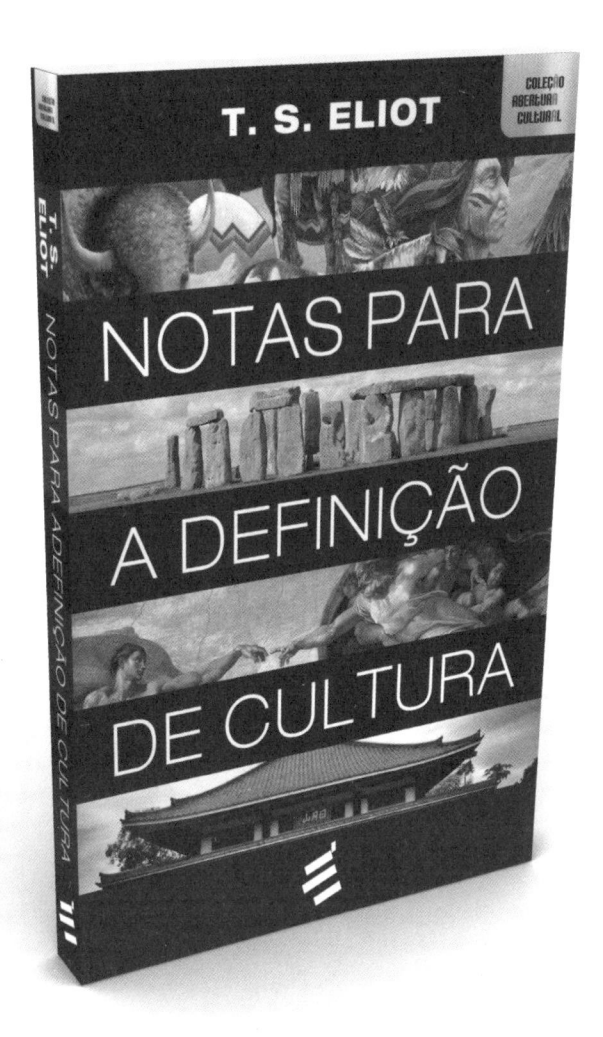

T. S. ELIOT
NOTAS PARA A DEFINIÇÃO DE CULTURA

"Assim como uma doutrina somente precisa ser definida após o aparecimento de alguma heresia, também uma palavra não precisa receber tal atenção até que comece a ser mal utilizada." Neste importante ensaio, escrito na década de 1940 e constantemente reeditado, T. S. Eliot pretente definir apenas uma palavra: cultura.

Este livro é a melhor introdução à vida, às ideias e às obras literárias de T. S. Eliot. A clara percepção de Russell Kirk dos escritos de Eliot é enriquecida com uma leitura abrangente dos autores que mais influenciaram o poeta, bem como por experiências e convicções similares. Kirk segue o curso das ideias políticas e culturais de Eliot até as verdadeiras fontes, mostrando o equilíbrio e a sutileza de seus pontos de vista.

facebook.com/erealizacoeseditora   twitter.com/erealizacoes   instagram.com/erealizacoes   youtube.com/editorae

issuu.com/editora_e   erealizacoes.com.br   atendimento@erealizacoes.com.br